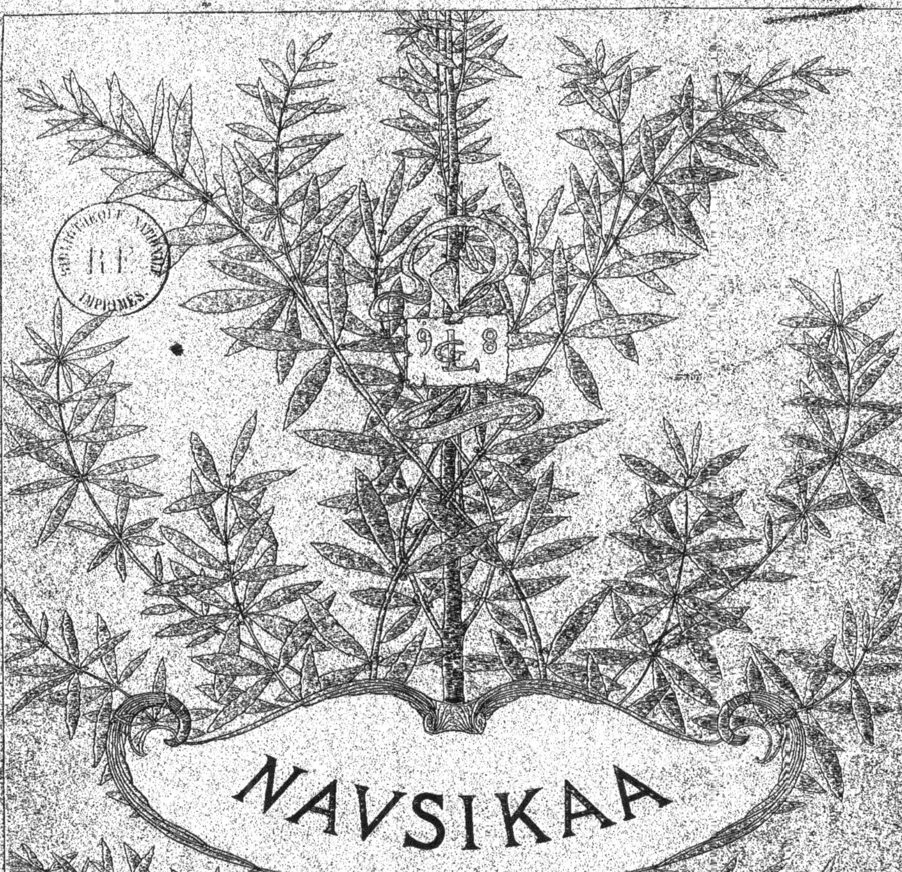
NAVSIKAA
L'EDITION D'ART

NAVSIKAA

TRADVCTION DE LECONTE DE LISLE

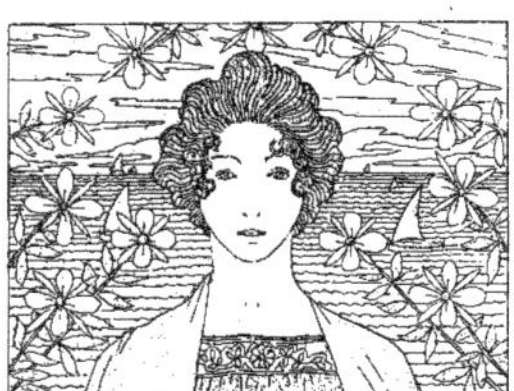

COMPOSITIONS DÉCORATIVES PAR
GASTON DE LATENAY

L'ÉDITION D'ART, H. PIAZZA et Cie, PARIS

M D CCC XCIX

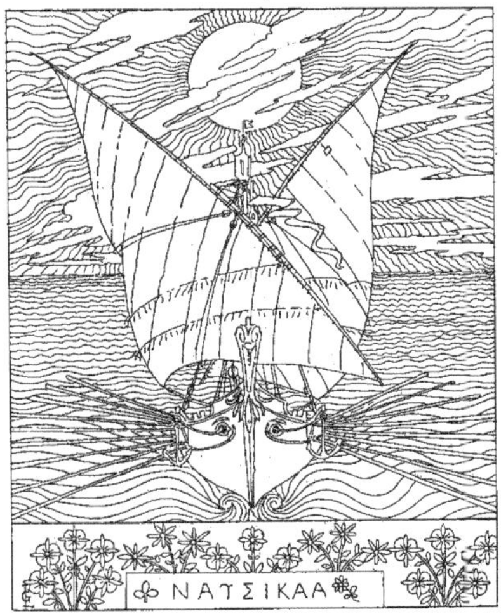
ΝΑΥΣΙΚΑΑ

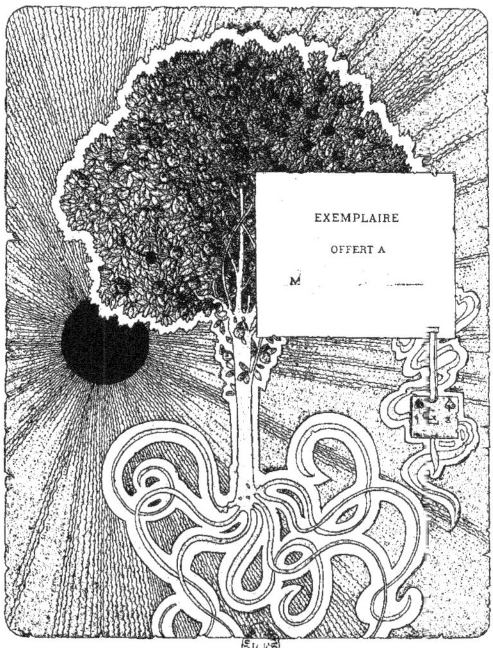

Hommage des éditeurs

mars 1900

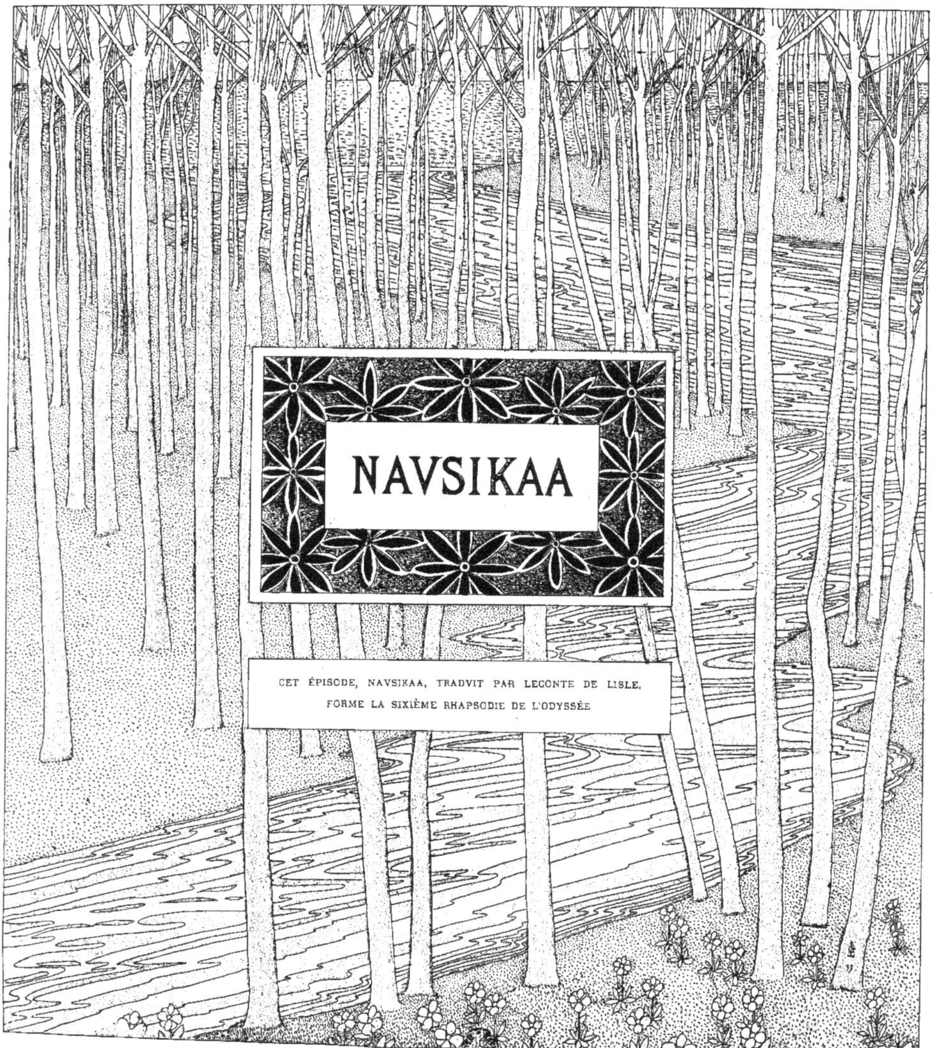
NAVSIKAA
CET ÉPISODE, NAVSIKAA, TRADVIT PAR LECONTE DE LISLE,
FORME LA SIXIÈME RHAPSODIE DE L'ODYSSÉE

ODYSSEVS,
MAGNANIME ET SVBTIL,
AYANT ACCOMPLI SES RVDES TRAVAVX,
NE SONGEAIT PLVS, EN SON CŒVR,
QV'A REVOIR LA FVMÉE
D'ITAKHÈ,
SA CHÈRE PATRIE.
TOVR À TOVR,
IL ÉCHAPPE AUX FVREVRS
DV KYKLOPS AVEVGLÉ PAR LVI,
POLYPHÈMOS,
ET ROMPT L'ENCHANTEMENT
DE LA NYMPHE À LA BELLE CHEVELVRE
L'IMPÉRIEVSE KALYPSO.
PVIS,
SOVS L'ÉGIDE TVTÉLAIRE
DE LA DÉESSE AVX YEVX CLAIRS
ATHÈNÈ,
FILLE DE ZEVS,
IL DÉJOVE LA COLÈRE
DE POSEIDAON TEMPÉTVEVX,
ET TELLE VNE ÉPAVE,
S'ÉCHOVE AVX RIVES HOSPITALIÈRES
OV S'ÉPANOVIT
DANS LES DEMEVRES DE SON PÈRE VÉNÉRABLE
ALKINOOS,
ROI DES HOMMES PHAIAKIENS,
LA DOVCE VIERGE AV BEAV PÉPLOS
LA DIVINE LAVANDIÈRE
NAVSIKAA.

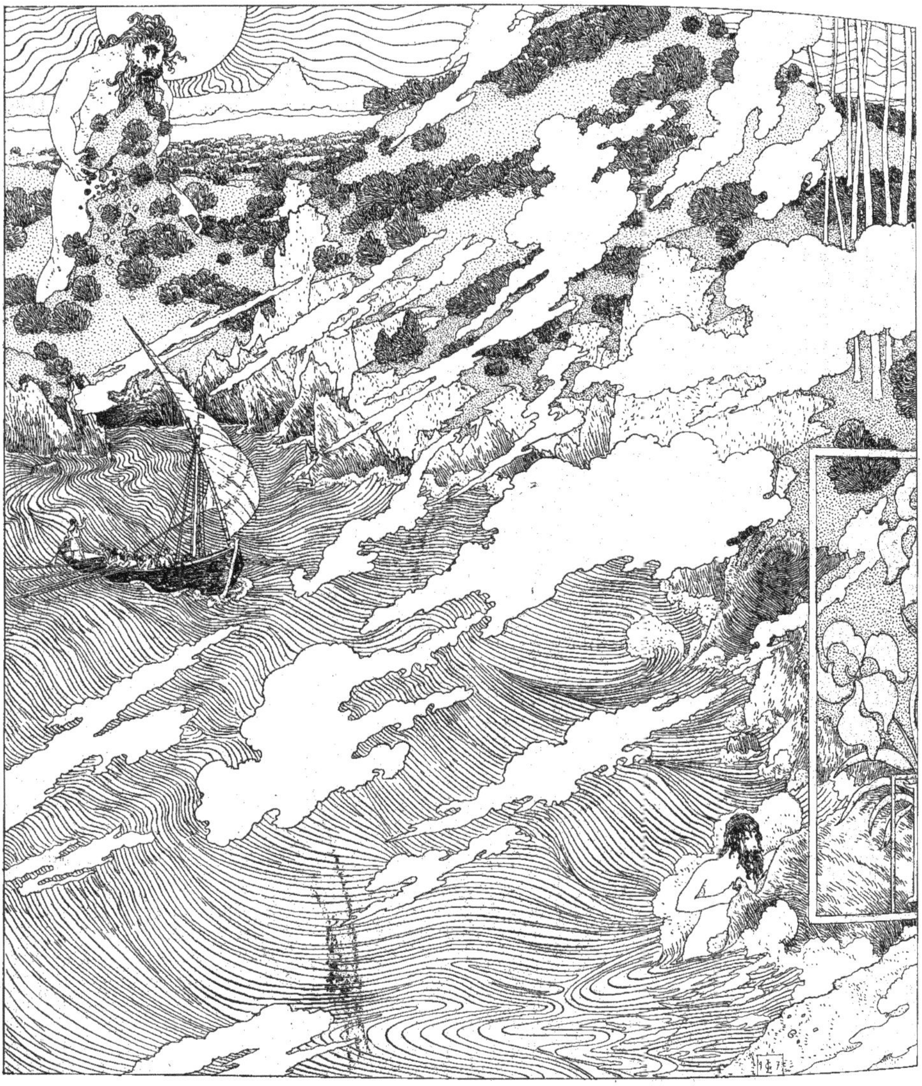

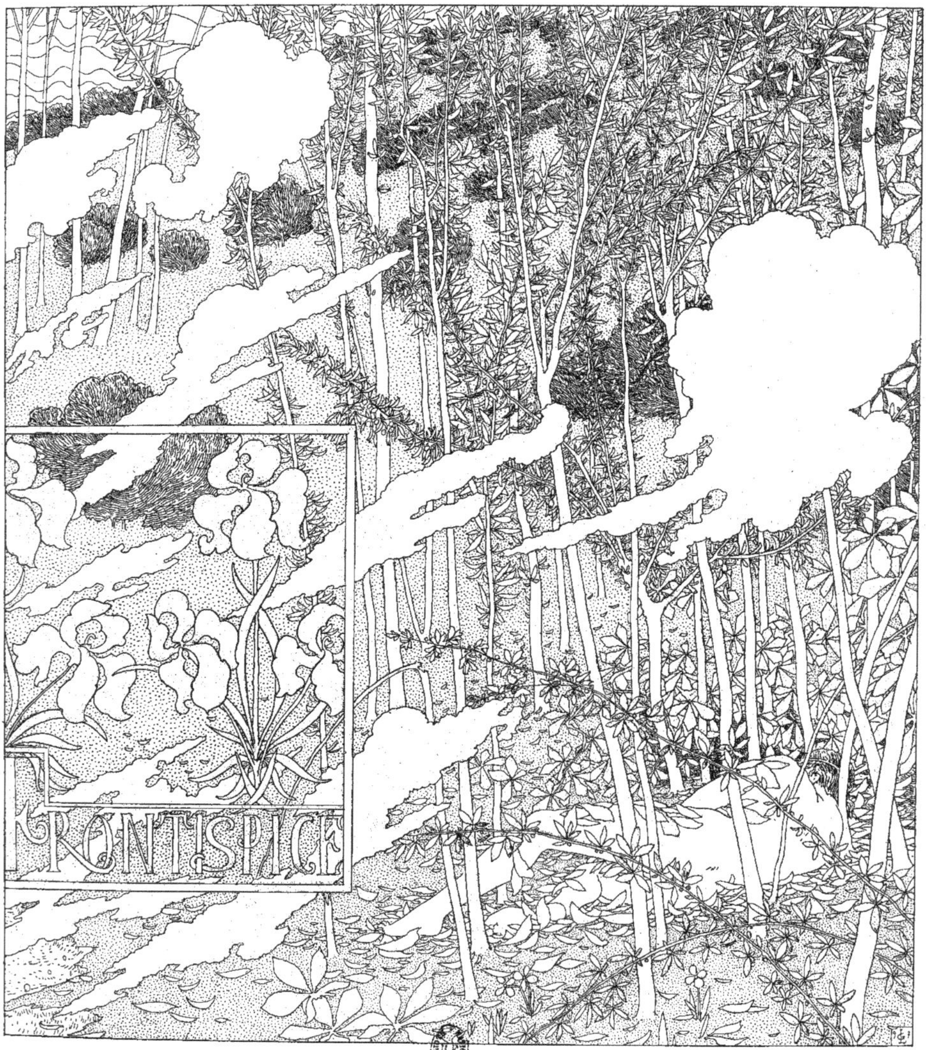
FRONTISPICE

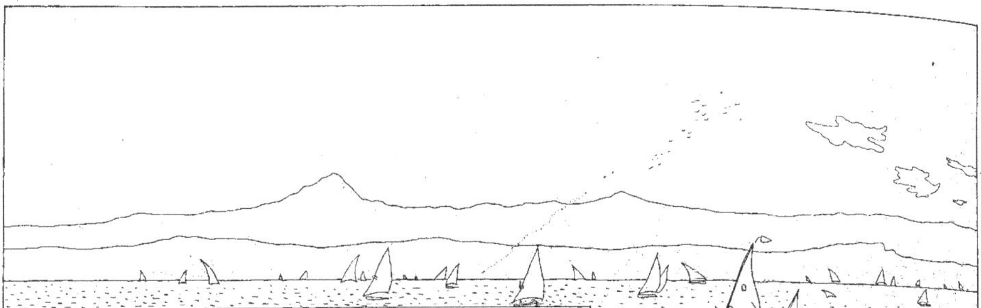

AINSI DORMAIT LÀ LE PATIENT ET DIVIN ODYSSEVS, DOMPTÉ PAR LE SOMMEIL ET PAR LA FATIGVE, TANDIS QV'ATHÈNÈ SE RENDAIT À LA VILLE ET PARMI LE PEVPLE DES HOMMES PHAIAKIENS QVI HABITAIENT AVTREFOIS LA GRANDE HYPÉRIÈ, AVPRÈS DES KYKLÔPES INSOLENTS QVI LES OPPRIMAIENT, ÉTANT BEAVCOVP PLVS FORTS QV'EVX. ET NAVSITHOOS, SEMBLABLE À VN DIEV, LES EMMENA DE LÀ ET LES ÉTABLIT DANS L'ILE DE SKHÉRIÈ, LOIN DES AVTRES HOMMES. ET IL BÂTIT VN MVR AVTOVR DE LA VILLE, ÉLEVA DES DEMEVRES, CONSTRVISIT LES TEMPLES DES DIEVX ET PARTAGEA LES CHAMPS. MAIS, DÉJÀ, DOMPTÉ PAR LA KÈR, IL ÉTAIT DESCENDV CHEZ AIDÈS. ET MAINTENANT RÉGNAIT ALKINOOS INSTRVIT DANS LA SAGESSE PAR LES DIEVX. ET ATHÈNÈ, LA DÉESSE AVX YEVX CLAIRS, SE RENDAIT À SA DEMEVRE, MÉDITANT LE RETOVR DV MAGNANIME ODYSSEVS. ET ELLE ENTRA PROMPTEMENT DANS LA CHAMBRE ORNÉE OV DORMAIT LA JEVNE VIERGE SEMBLABLE AVX IMMORTELLES PAR LA GRÂCE ET LA BEAVTÉ, NAVSIKAA, FILLE DV MAGNANIME ALKINOOS.

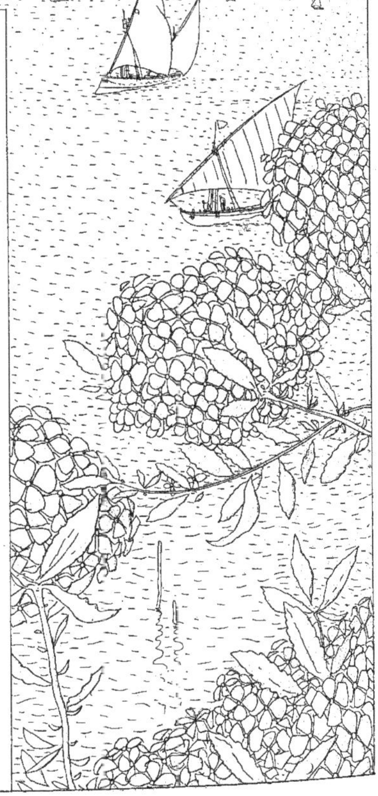

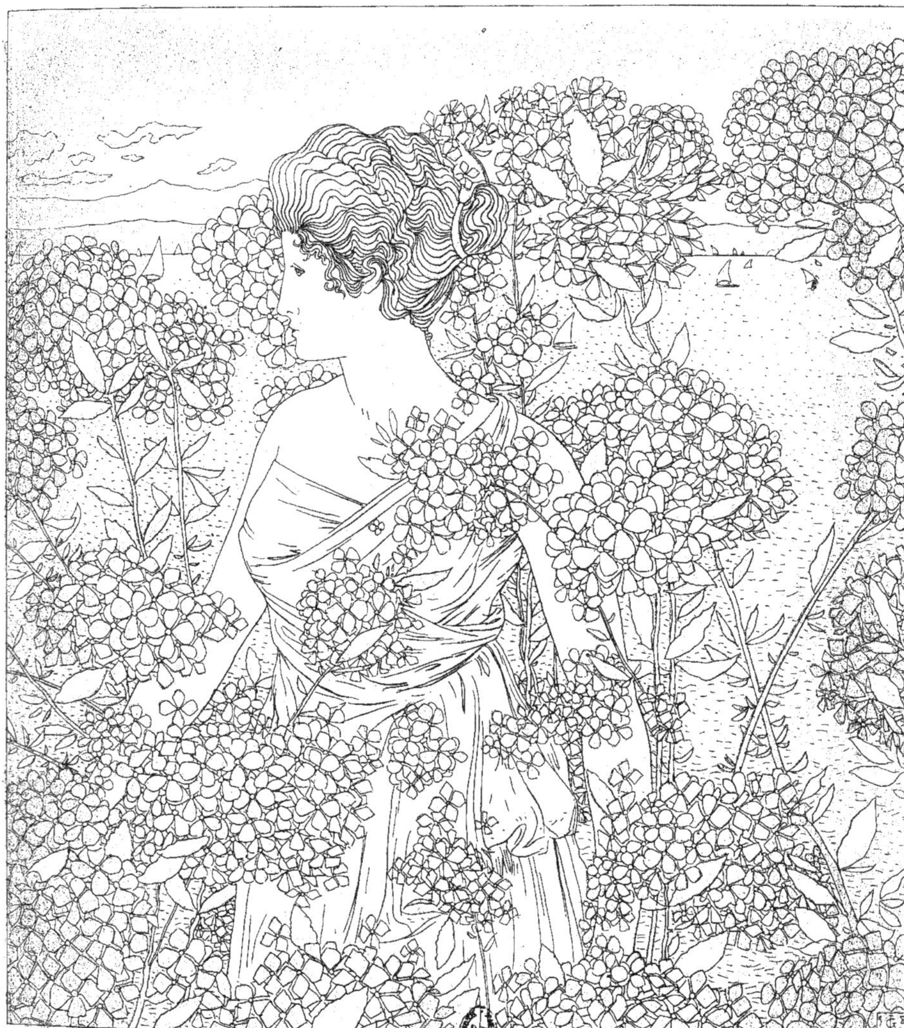

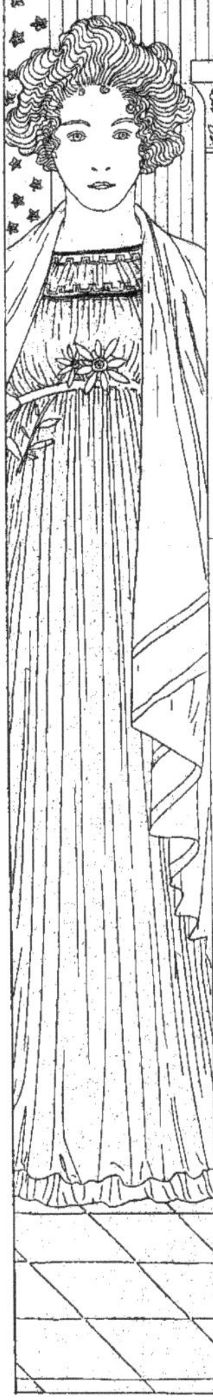

ET DEVX SERVANTES, BELLES COMME LES KHARITES, SE TENAIENT DES DEVX COTÉS DV SEVIL, ET LES PORTES BRILLANTES ÉTAIENT FERMÉES.

ATHÈNÈ, COMME VN SOVFFLE DV VENT, APPROCHA DV LIT DE LA JEVNE VIERGE, ET, SE TENANT AV-DESSVS DE SA TÊTE, LVI PARLA, SEMBLABLE À LA FILLE DE L'ILLVSTRE MARIN DYMAS, LAQVELLE ÉTAIT DV MÊME ÂGE QV'ELLE, ET QV'ELLE AIMAIT. SEMBLABLE À CETTE JEVNE FILLE, ATHÈNÈ AVX YEVX CLAIRS PARLA AINSI :

— NAVSIKAA, POVRQVOI TA MÈRE T'A-T-ELLE ENFANTÉE SI NÉGLIGENTE? EN EFFET, TES BELLES ROBES GISENT NÉGLIGÉES, ET TES NOCES APPROCHENT OV IL TE FAVDRA REVÊTIR LES PLVS BELLES ET EN OFFRIR A CEVX QVI TE CONDVIRONT. LA BONNE RENOMMÉE, PARMI LES HOMMES, VIENT DES BEAVX VÊTEMENTS, ET LE PÈRE ET LA MÈRE VÉNÉRABLE S'EN RÉJOVISSENT. ALLONS DONC LAVER TES ROBES, AV PREMIER LEVER DV JOVR ET JE TE SVIVRAI ET T'AIDERAI, AFIN QVE NOVS FINISSIONS PROMPTEMENT, CAR TV NE SERAS PLVS LONGTEMPS VIERGE. DÉJÀ LES PREMIERS DV PEVPLE TE RECHERCHENT, PARMI TOVS LES PHAIAKIENS D'OV SORT TA RACE. ALLONS! DEMANDE À TON ILLVSTRE PÈRE, DÈS LE MATIN, QV'IL FASSE PRÉPARER LES MVLETS ET LE CHAR QVI PORTERONT LES CEINTVRES, LES PÉPLOS ET LES BELLES COVVERTVRES. IL EST MIEVX QVE TV MONTES AVSSI SVR LE CHAR QVE D'ALLER A PIED, CAR LES LAVOIRS SONT TRÈS ÉLOIGNÉS DE LA VILLE.

AYANT AINSI PARLÉ, ATHÈNÈ AVX YEVX CLAIRS RETOVRNA DANS L'OLYMPOS, OV SONT TOVJOVRS, DIT-ON, LES SOLIDES DEMEVRES DES DIEVX, QVE LE VENT N'ÉBRANLE POINT, OV LA PLVIE NE COVLE POINT, DONT LA NEIGE N'APPROCHE POINT, MAIS OV LA SÉRÉNITÉ VOLE SANS NVAGE ET QV'ENVELOPPE VNE SPLENDEVR ÉCLATANTE DANS LAQVELLE LES DIEVX HEVREVX SE RÉJOVISSENT SANS CESSE. C'EST LÀ QVE REMONTA LA DÉESSE AVX YEVX CLAIRS, APRÈS QV'ELLE EVT PARLÉ À LA JEVNE VIERGE.

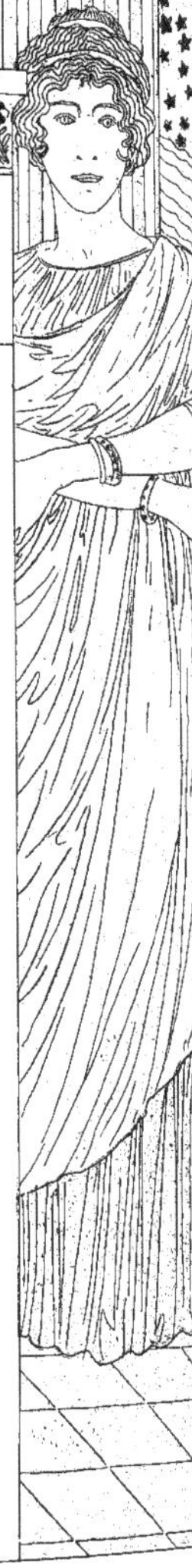

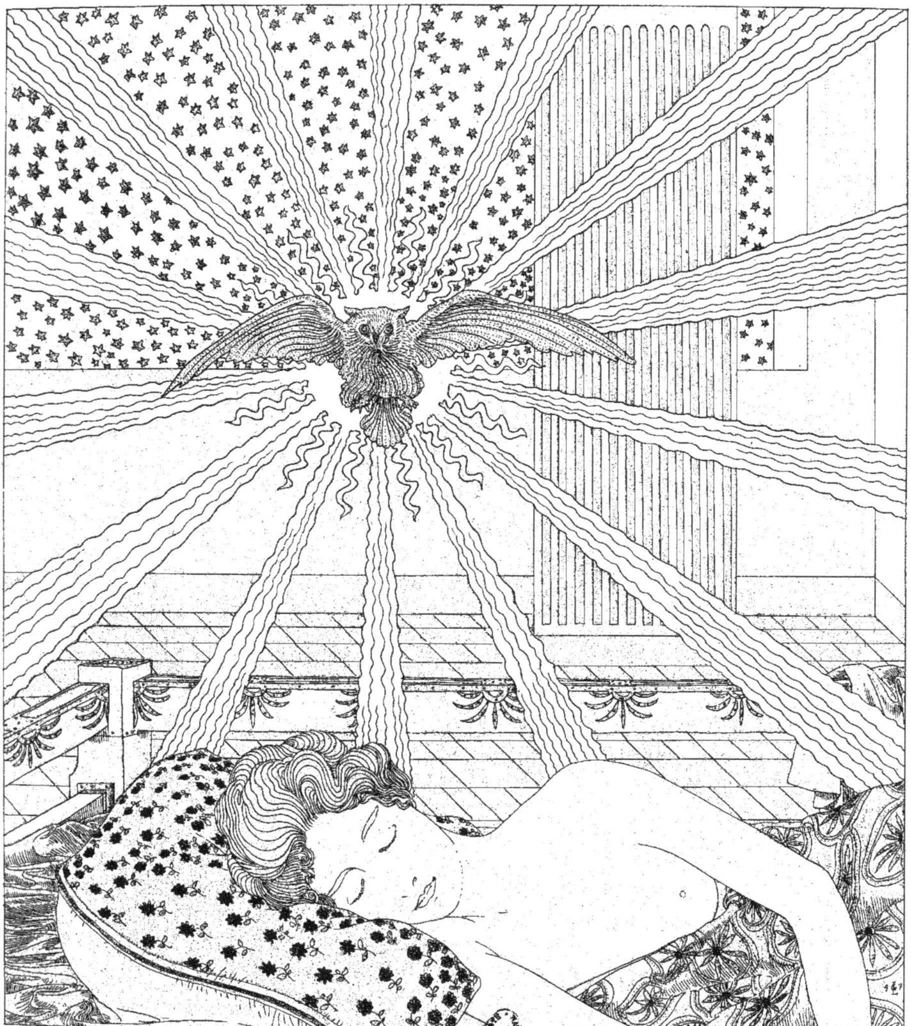

II

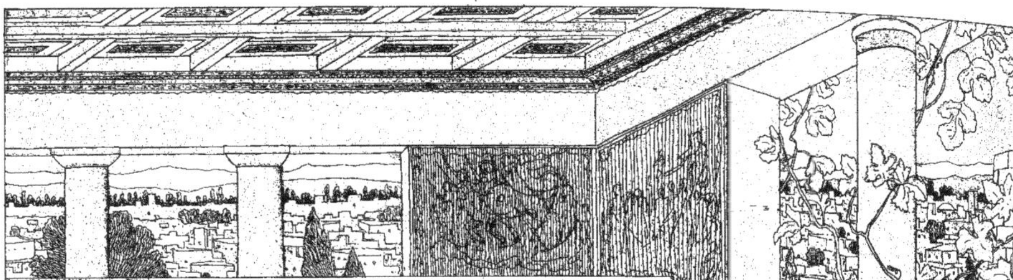

ET AVSSITOT LA BRILLANTE EOS SE LEVA ET RÉVEILLA NAVSIKAA AV BEAV PÉPLOS, QVI ADMIRA LE SONGE QV'ELLE AVAIT EV. ET ELLE SE HATA D'ALLER PAR LES DEMEVRES, AFIN DE PRÉVENIR SES PARENTS, SON CHER PÈRE ET SA MÈRE, QV'ELLE TROVVA DANS L'INTÉRIEVR. ET SA MÈRE ÉTAIT ASSISE AV FOYER AVEC SES SERVANTES, FILANT LA LAINE TEINTE DE POVRPRE MARINE; ET SON PÈRE SORTAIT AVEC LES ROIS ILLVSTRES, POVR SE RENDRE AV CONSEIL OV L'APPELAIENT LES NOBLES PHAIAKIENS. ET, S'ARRÊTANT PRÈS DE SON CHER PÈRE, ELLE LVI DIT :

— CHER PÈRE, NE ME FERAS-TV POINT PRÉPARER VN CHAR LARGE ET ÉLEVÉ, AFIN QVE JE PORTE AV FLEVVE ET QVE JE LAVE NOS BEAVX VÊTEMENTS QVI GISENT SALIS? IL TE ÇONVIENT, EN EFFET, DE PORTER DE BEAVX VÊTEMENTS. TV AS CINQ FILS DANS TA MAISON ROYALE; DEVX SONT MARIÉS, ET TROIS SONT ENCORE DES JEVNES HOMMES FLORISSANTS. ET CEVX-CI VEVLENT ALLER AVX DANSES, COVVERTS DE VÊTEMENTS PROPRES ET FRAIS, ET CES SOINS ME SONT RÉSERVÉS.

ELLE PARLA AINSI, N'OSANT NOMMER A SON CHER PÈRE SES NOCES FLEVRIES; MAIS IL LA COMPRIT ET IL LVI RÉPONDIT :

— JE NE TE REFVSERAI, MON ENFANT, NI DES MVLETS, NI AVTRE CHOSE. VA, ET MES SERVITEVRS TE PRÉPARERONT VN CHAR LARGE ET ÉLEVÉ.

AYANT AINSI PARLÉ, IL COMMANDA AVX SERVITEVRS, ET ILS OBÉIRENT. ILS FIRENT SORTIR VN CHAR RAPIDE ET ILS LE DISPOSÈRENT, ET ILS MIRENT LES MVLETS SOVS LE JOVG ET LES LIÈRENT AV CHAR. ET NAVSIKAA APPORTA DE SA CHAMBRE SES BELLES ROBES, ET ELLE LES DÉPOSA DANS LE CHAR. ET SA MÈRE ENFERMAIT D'EXCELLENTS METS DANS VNE CORBEILLE, ET

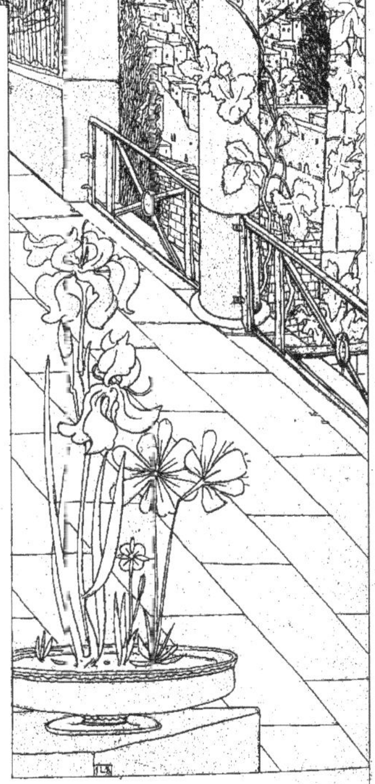

ELLE VERSA DV VIN DANS VNE OVTRE DE PEAV DE CHÈVRE. LA JEVNE VIERGE MONTA SVR LE CHAR, ET SA MÈRE LVI DONNA DANS VNE FIOLE D'OR VNE HVILE LIQVIDE, AFIN QV'ELLE SE PARFVMAT AVEC SES FEMMES. ET NAVSIKAA SAISIT LE FOVET ET LES BELLES RÊNES, ET ELLE FOVETTA LES MVLETS; ET CEVX-CI, S'ÉLANCÈRENT, EMPORTANT LES VÊTEMENTS ET NAVSIKAA, ET LES AVTRES FEMMES AVEC ELLE.

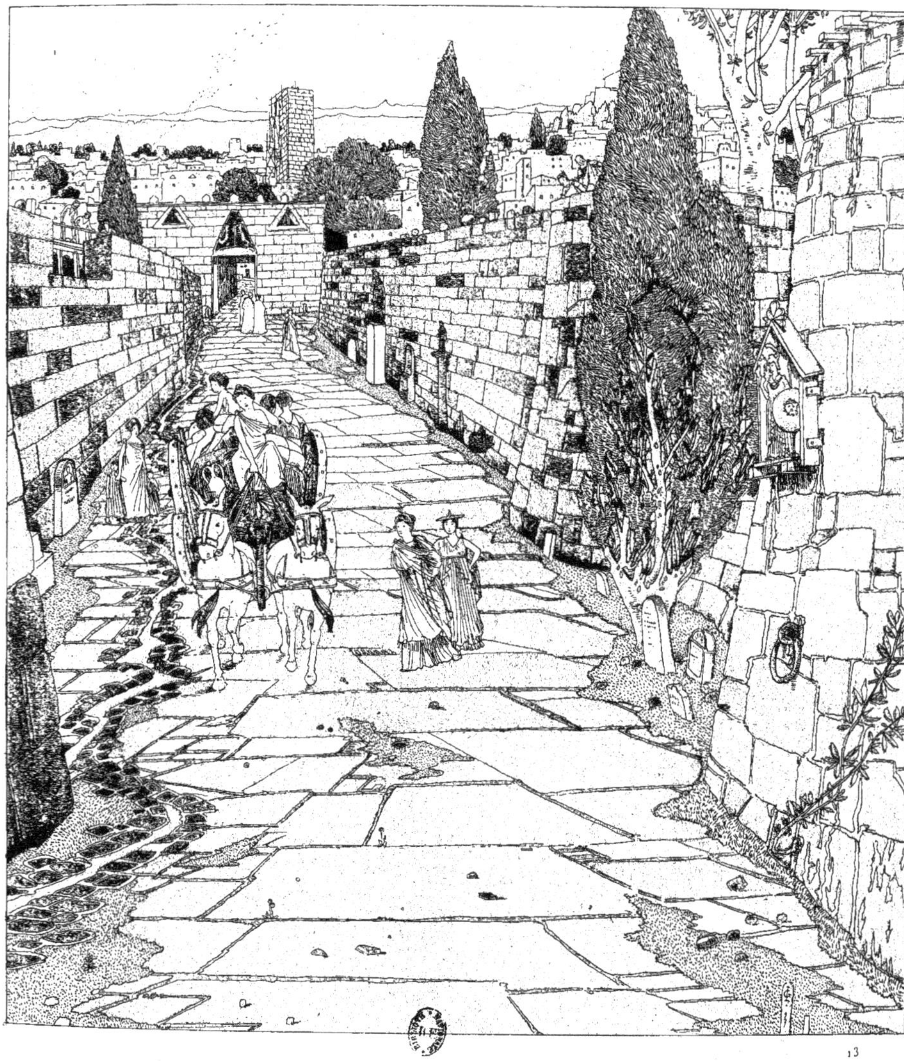

ET QVAND ELLES FVRENT PARVENVES AV COVRS LIMPIDE DV FLEVVE, LÀ OV ÉTAIENT LES LAVOIRS PLEINS TOVTE L'ANNÉE, CAR VNE BELLE EAV ABONDANTE Y DÉBORDAIT, PROPRE À LAVER TOVTES LES CHOSES SOVILLÉES, ELLES DÉLIÈRENT LES MVLETS DV CHAR, ET ELLES LES MENÈRENT VERS LE FLEVVE TOVRBILLONNANT, AFIN QV'ILS PVSSENT MANGER LES DOVCES HERBES. PVIS, ELLES SAISIRENT DE LEVRS MAINS, DANS LE CHAR, LES VÊTEMENTS QV'ELLES PLONGÈRENT DANS L'EAV PROFONDE, LES FOVLANT DANS LES LAVOIRS ET DISPVTANT DE PROMPTITVDE. ET, LES AYANT LAVÉS ET PVRIFIÉS DE TOVTE SOVILLVRE, ELLES LES ÉTENDIRENT EN ORDRE SVR LES ROCHERS DV RIVAGE QVE LA MER AVAIT BAIGNÉS.

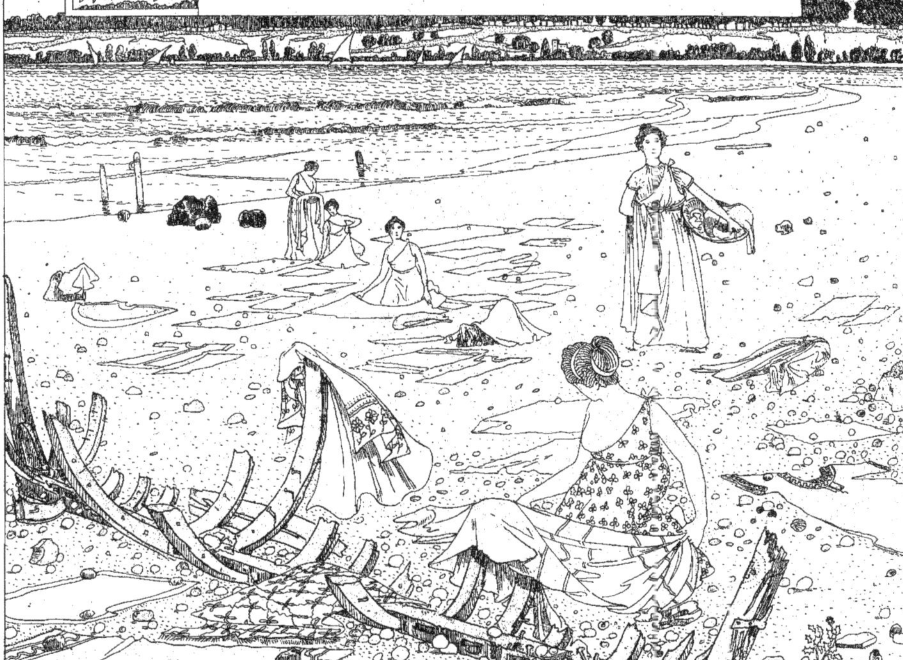

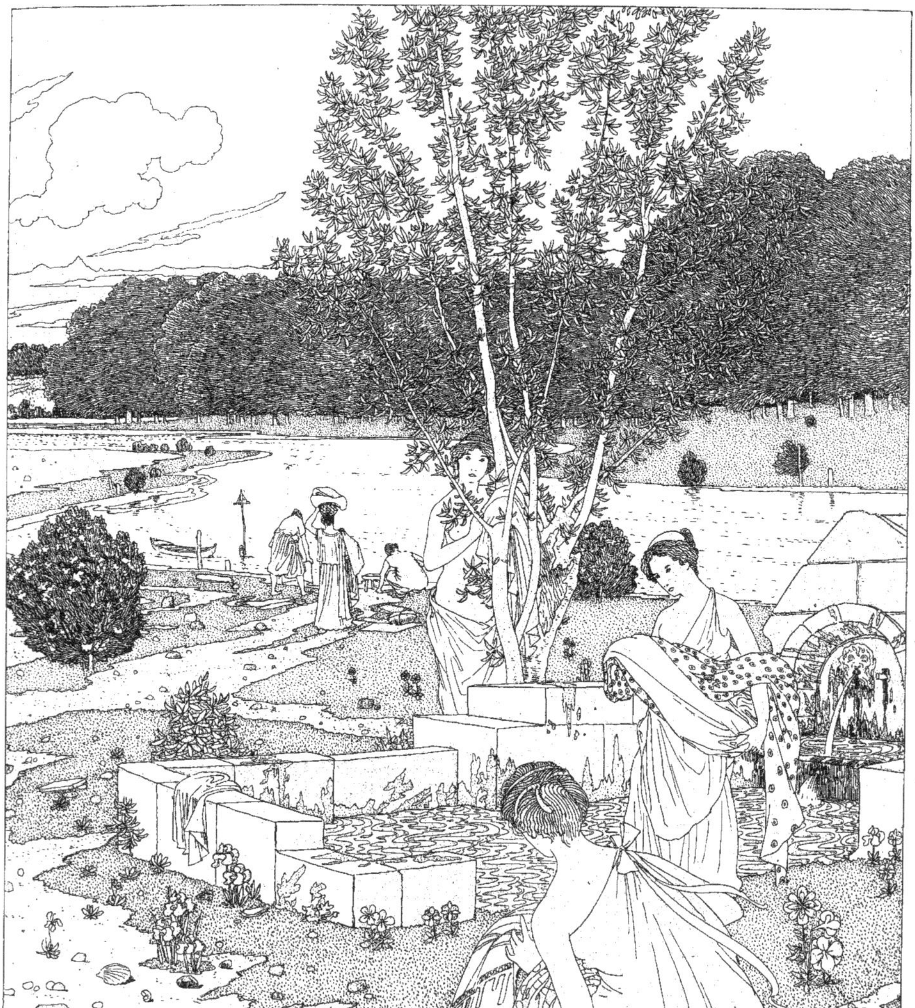

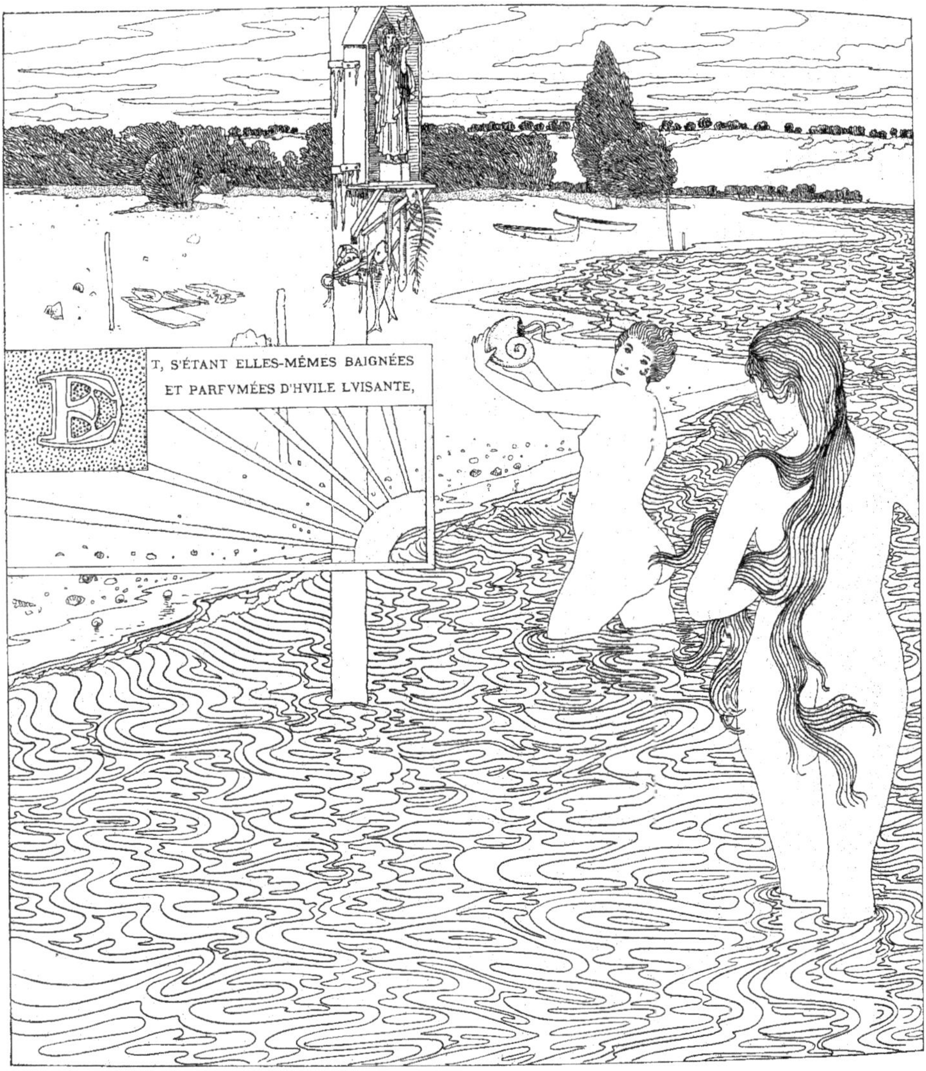
ET, S'ÉTANT ELLES-MÊMES BAIGNÉES
ET PARFVMÉES D'HVILE LVISANTE,

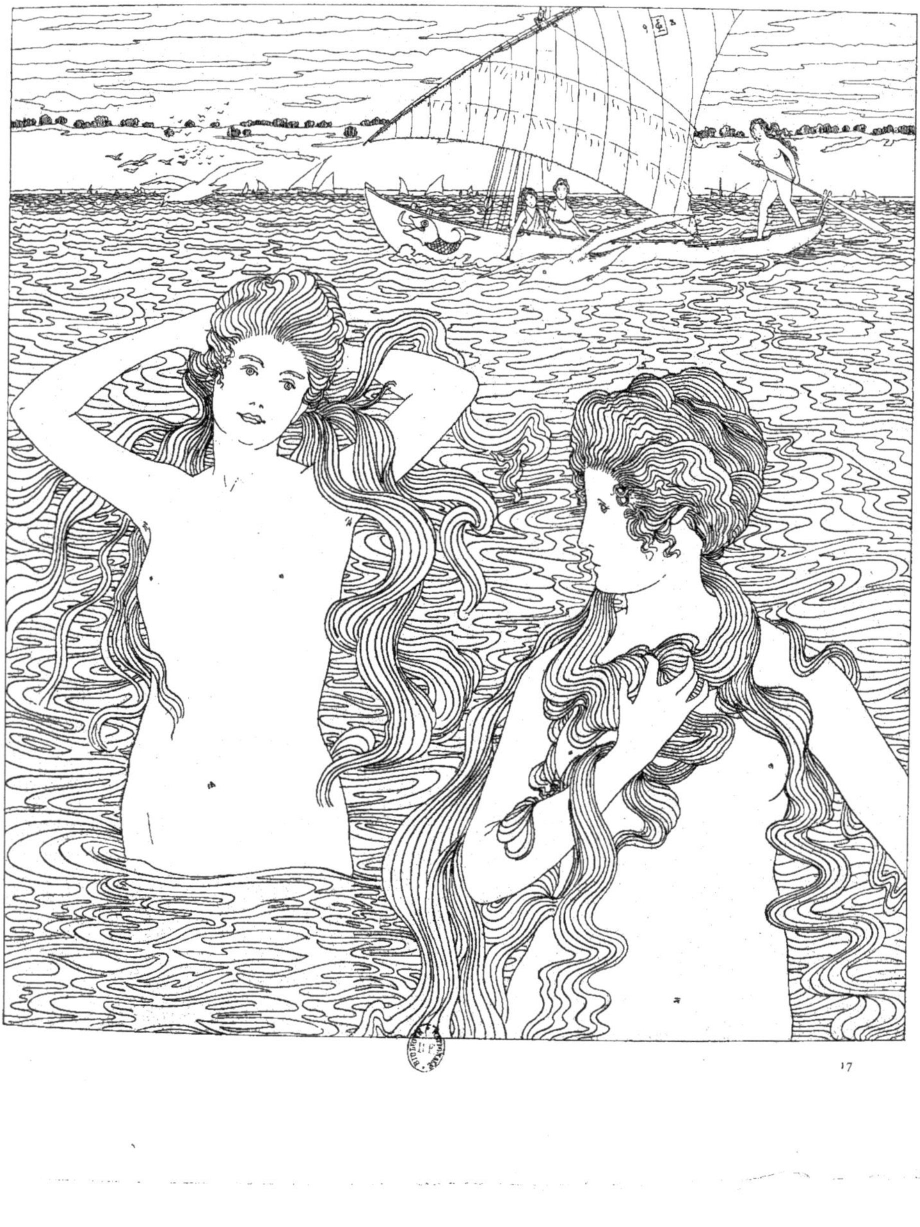

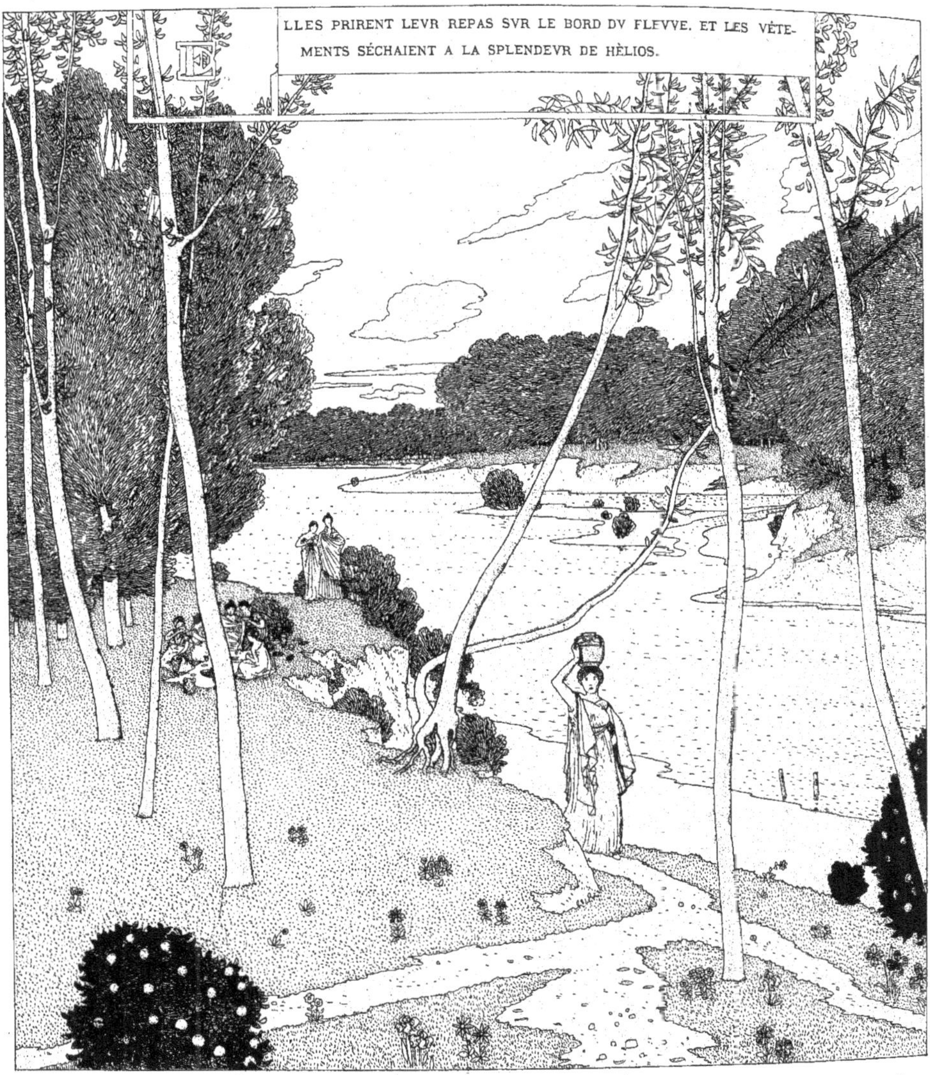

ELLES PRIRENT LEVR REPAS SVR LE BORD DV FLEVVE, ET LES VÉTEMENTS SÉCHAIENT A LA SPLENDEVR DE HÈLIOS.

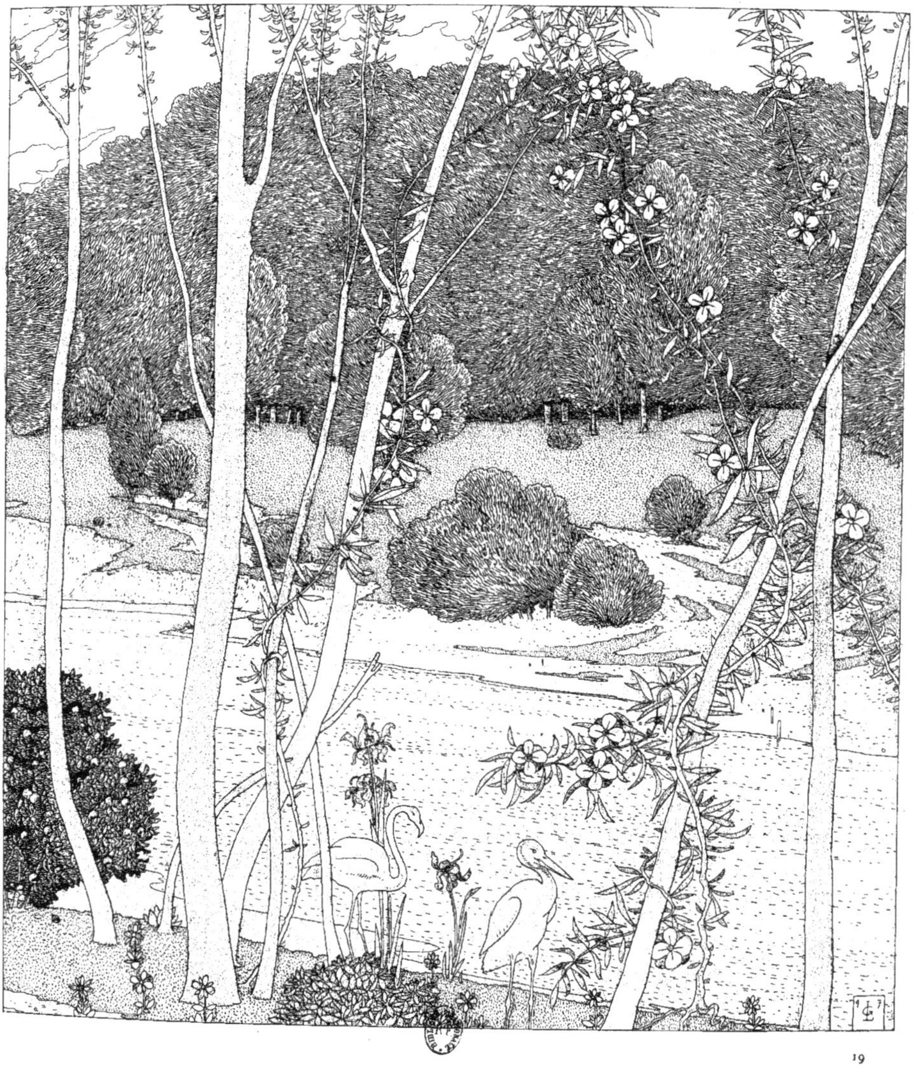

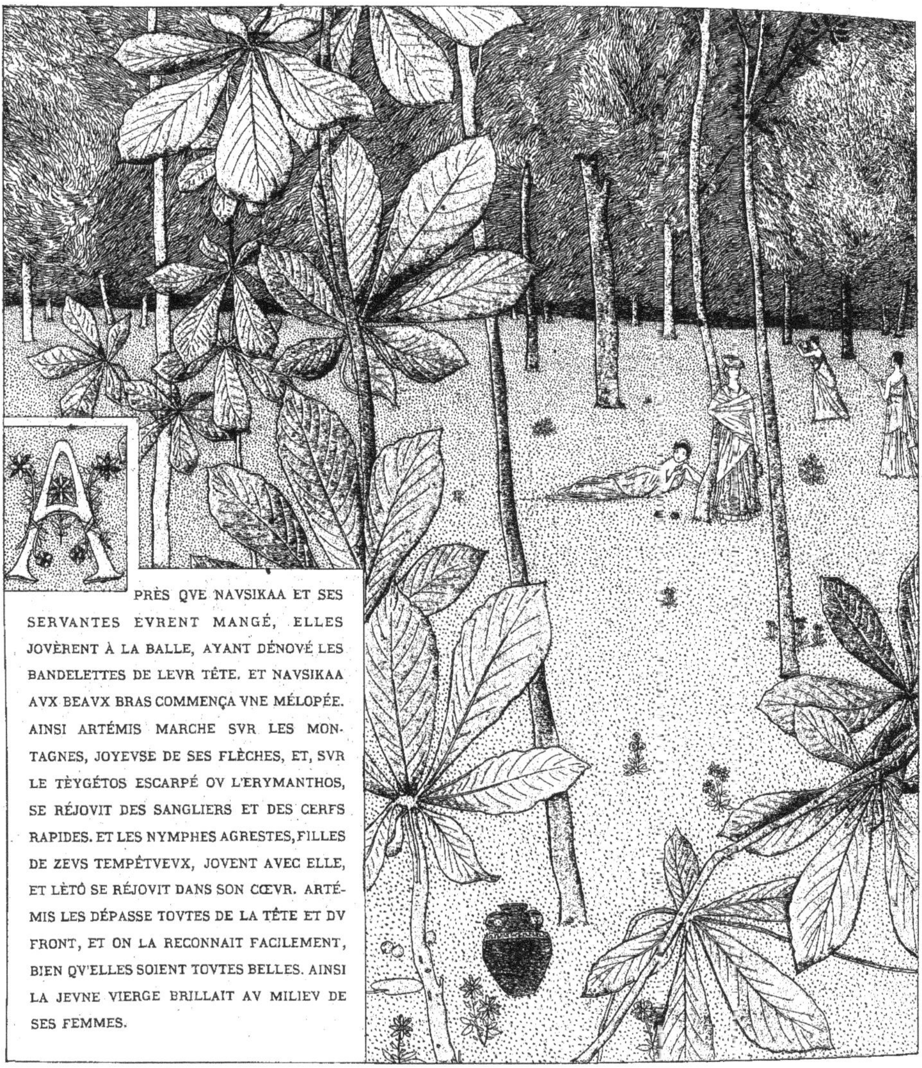

APRÈS QVE NAVSIKAA ET SES SERVANTES EVRENT MANGÉ, ELLES JOVÈRENT À LA BALLE, AYANT DÉNOVÉ LES BANDELETTES DE LEVR TÊTE. ET NAVSIKAA AVX BEAVX BRAS COMMENÇA VNE MÉLOPÉE. AINSI ARTÉMIS MARCHE SVR LES MONTAGNES, JOYEVSE DE SES FLÈCHES, ET, SVR LE TÈYGÉTOS ESCARPÉ OV L'ERYMANTHOS, SE RÉJOVIT DES SANGLIERS ET DES CERFS RAPIDES. ET LES NYMPHES AGRESTES, FILLES DE ZEVS TEMPÊTVEVX, JOVENT AVEC ELLE, ET LÈTÔ SE RÉJOVIT DANS SON CŒVR. ARTÉMIS LES DÉPASSE TOVTES DE LA TÊTE ET DV FRONT, ET ON LA RECONNAIT FACILEMENT, BIEN QV'ELLES SOIENT TOVTES BELLES. AINSI LA JEVNE VIERGE BRILLAIT AV MILIEV DE SES FEMMES.

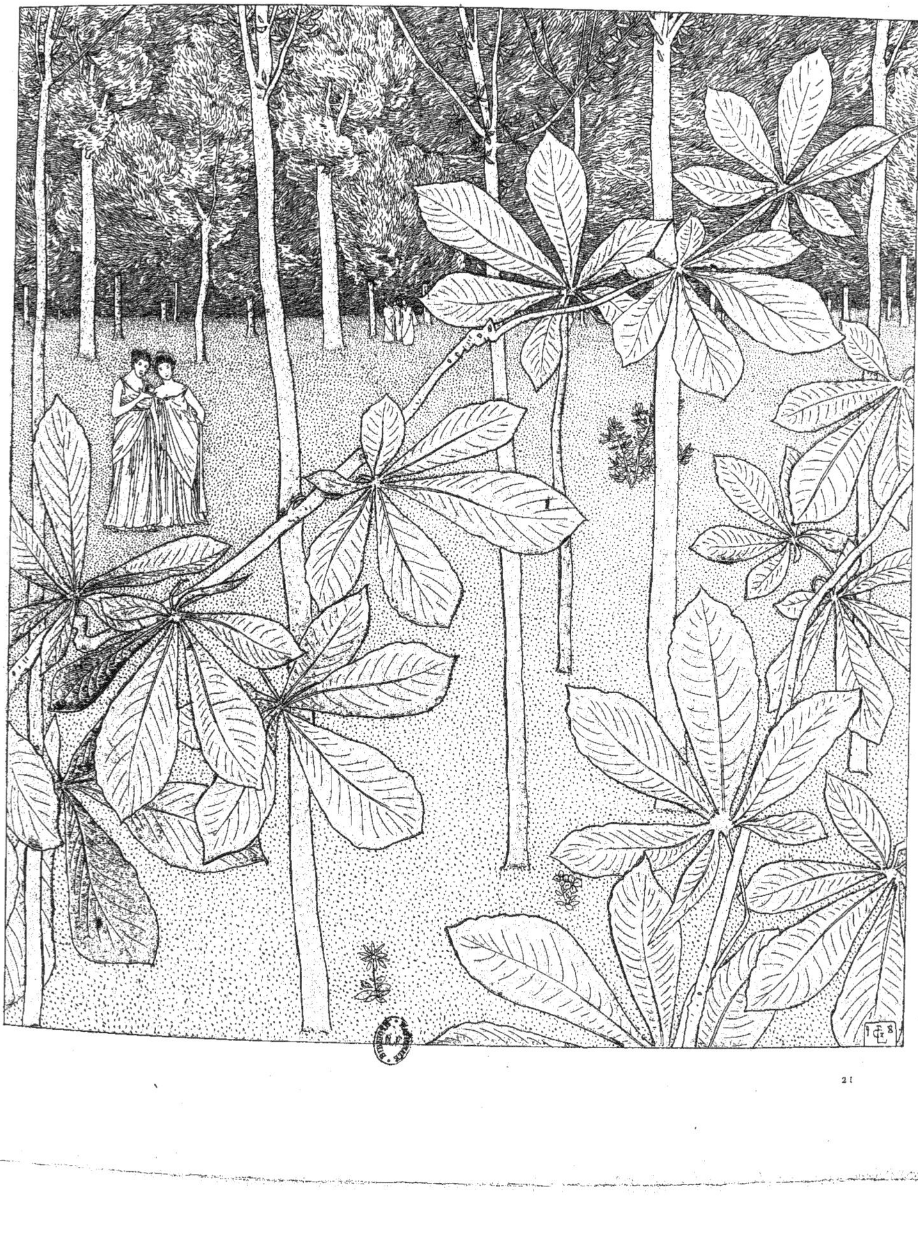

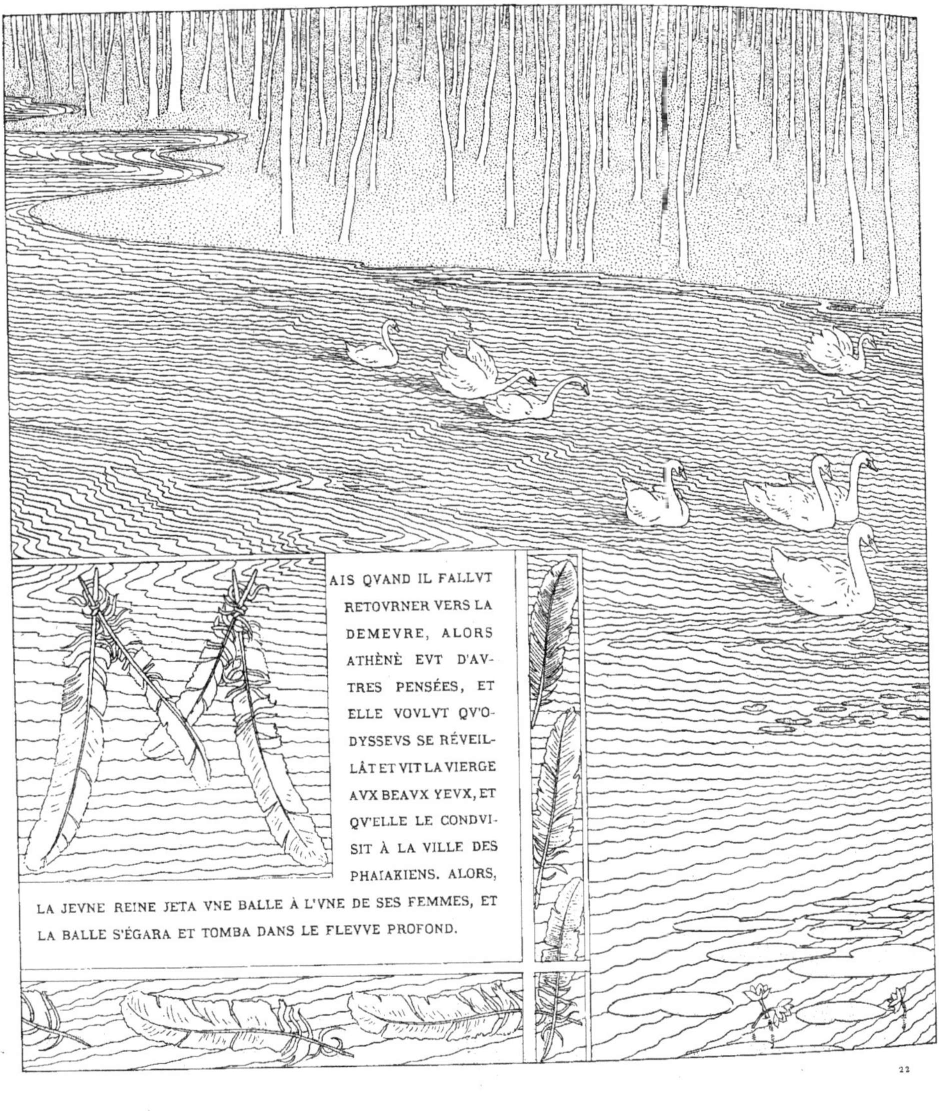

MAIS QVAND IL FALLVT RETOVRNER VERS LA DEMEVRE, ALORS ATHÈNÈ EVT D'AVTRES PENSÉES, ET ELLE VOVLVT QV'ODYSSEVS SE RÉVEILLÂT ET VIT LA VIERGE AVX BEAVX YEVX, ET QV'ELLE LE CONDVISIT À LA VILLE DES PHAIAKIENS. ALORS, LA JEVNE REINE JETA VNE BALLE À L'VNE DE SES FEMMES, ET LA BALLE S'ÉGARA ET TOMBA DANS LE FLEVVE PROFOND.

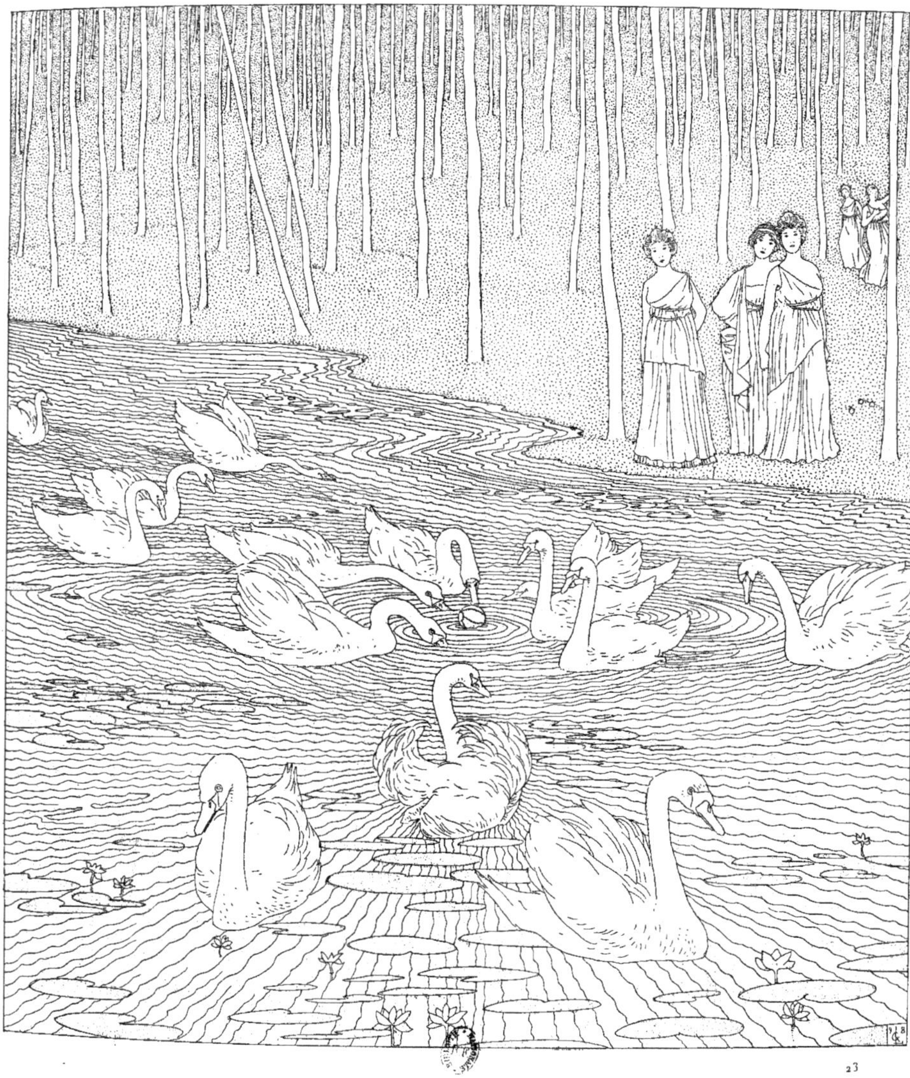

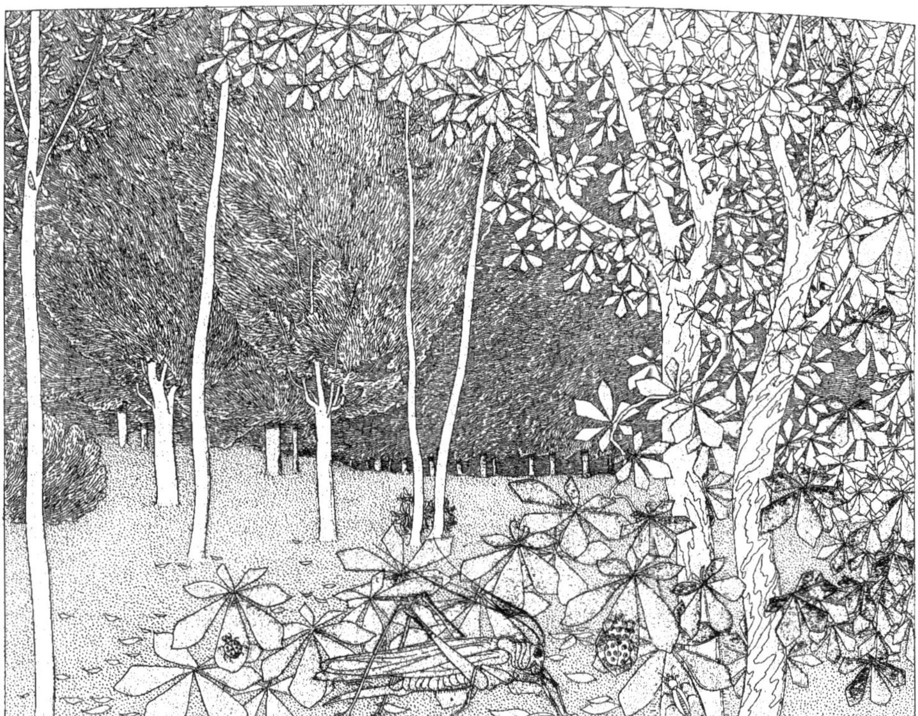

ET TOVTES POVSSÈRENT DE HAVTES CLAMEVRS, ET LE DIVIN ODYSSEVS S'ÉVEILLA. ET IL DÉLIBÉRA DANS SON ESPRIT ET DANS SON CŒVR :

— HÉLAS ! À QVELS HOMMES APPARTIENT CETTE TERRE OV JE SVIS VENV? SONT-ILS INJVRIEVX, SAVVAGES, INJVSTES, OV HOSPITALIERS, ET LEVR ESPRIT CRAINT-IL LES DIEVX ? J'AI ENTENDV DES CLAMEVRS DE JEVNES FILLES. EST-CE LA VOIX DES NYMPHES QVI HABITENT LE SOMMET DES MONTAGNES ET LES SOVRCES DES FLEVVES ET LES MARAIS HERBVS, OV SVIS-JE PRÈS D'ENTENDRE LA VOIX DES HOMMES ? JE M'EN ASSVRERAI ET JE VERRAI.

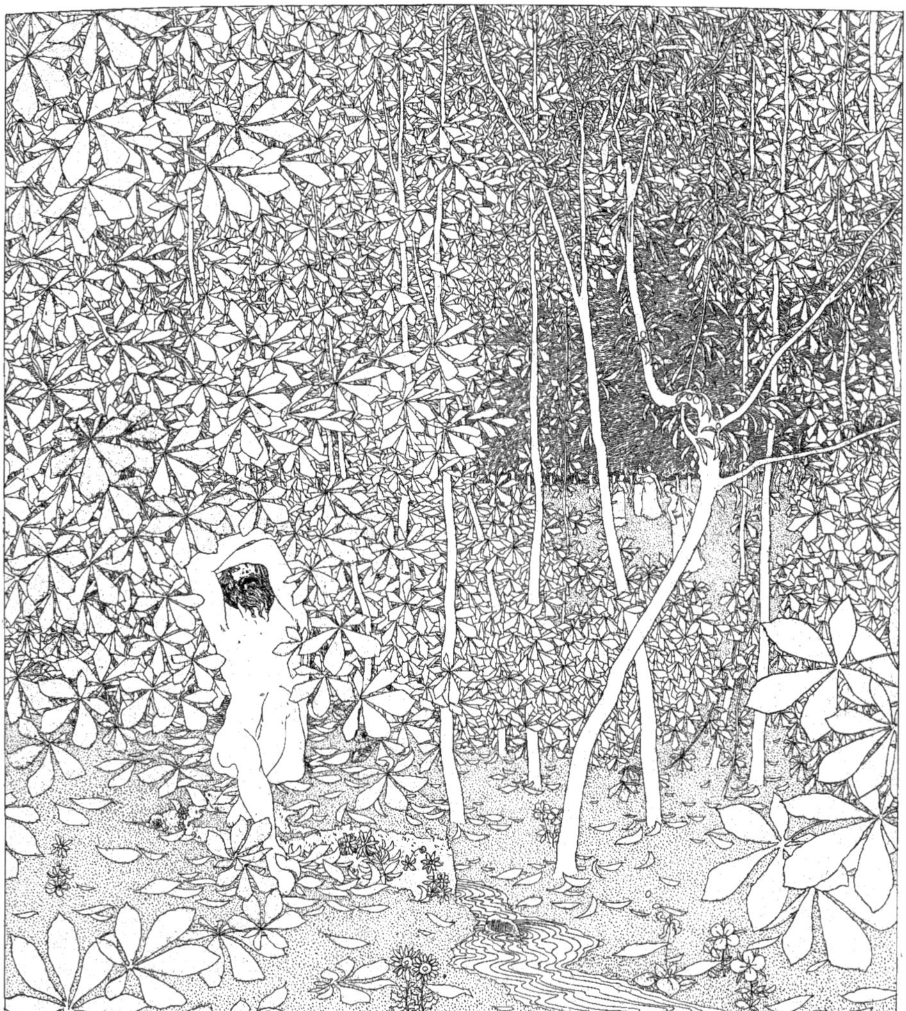

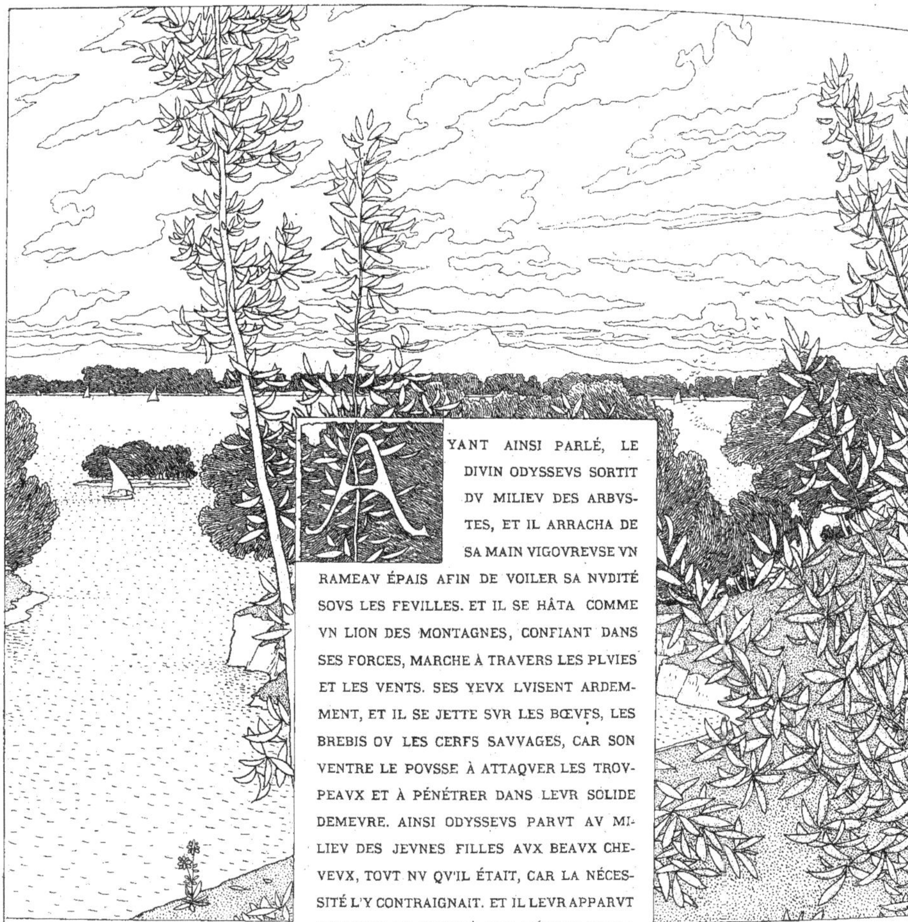

AYANT AINSI PARLÉ, LE DIVIN ODYSSEVS SORTIT DV MILIEV DES ARBVSTES, ET IL ARRACHA DE SA MAIN VIGOVREVSE VN RAMEAV ÉPAIS AFIN DE VOILER SA NVDITÉ SOVS LES FEVILLES. ET IL SE HÂTA COMME VN LION DES MONTAGNES, CONFIANT DANS SES FORCES, MARCHE À TRAVERS LES PLVIES ET LES VENTS. SES YEVX LVISENT ARDEMMENT, ET IL SE JETTE SVR LES BŒVFS, LES BREBIS OV LES CERFS SAVVAGES, CAR SON VENTRE LE POVSSE À ATTAQVER LES TROVPEAVX ET À PÉNÉTRER DANS LEVR SOLIDE DEMEVRE. AINSI ODYSSEVS PARVT AV MILIEV DES JEVNES FILLES AVX BEAVX CHEVEVX, TOVT NV QV'IL ÉTAIT, CAR LA NÉCESSITÉ L'Y CONTRAIGNAIT. ET IL LEVR APPARVT HORRIBLE ET SOVILLÉ PAR L'ÉCVME DE LA MER. ET ELLES S'ENFVIRENT, ÇÀ ET LÀ, SVR LES HAVTEVRS DV RIVAGE. ET, SEVLE, LA FILLE D'ALKINOOS RESTA, CAR ATHÈNÈ AVAIT MIS L'AVDACE DANS SON CŒVR ET CHASSÉ LA CRAINTE DE SES MEMBRES. ELLE RESTA DONC SEVLE EN FACE D'ODYSSEVS. ET CELVI-CI DÉLIBÉRAIT, NE SACHANT S'IL SVPPLIERAIT LA VIERGE AVX BEAVX YEVX, EN SAISISSANT SES GENOVX, OV S'IL LA PRIERAIT DE LOIN, AVEC DES PAROLES FLATTEVSES, DE LVI DONNER DES VÊTEMENTS ET DE LVI MONTRER LA VILLE.

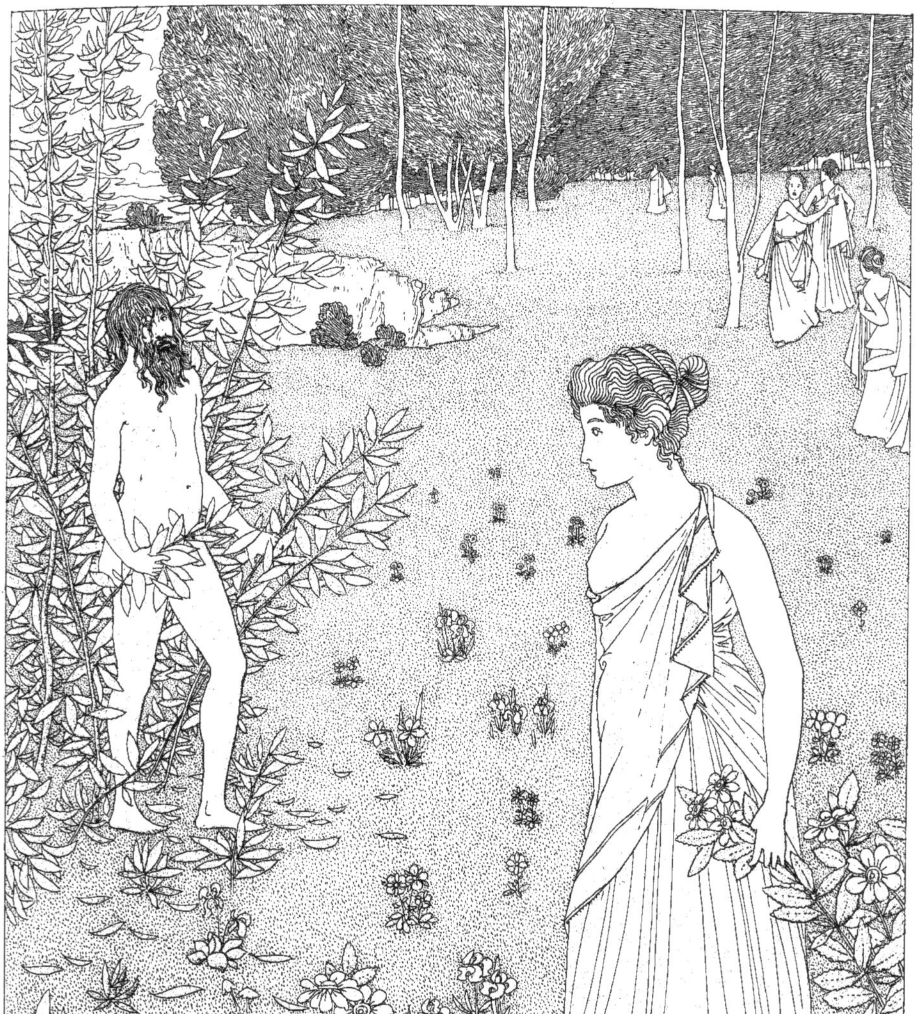

ET, AVSSITÔT IL LVI ADRESSA CE DISCOVRS FLATTEVR ET ADROIT :

— JE TE SVPPLIE, Ô REINE, QVE TV SOIS DÉESSE OV MORTELLE! SI TV ES DÉESSE, DE CELLES QVI HABITENT LE LARGE OVRANOS, TV ME SEMBLES ARTÉMIS, FILLE DV GRAND ZEVS, PAR LA BEAVTÉ, LA STATVRE ET LA GRÂCE; SI TV ES VNE DES MORTELLES QVI HABITENT SVR LA TERRE, TROIS FOIS HEVREVX TON PÈRE ET TA MÈRE VÉNÉRABLE! TROIS FOIS HEVREVX TES FRÈRES! SANS DOVTE LEVR ÂME EST PLEINE DE JOIE DEVANT TA GRÂCE QVAND ILS TE VOIENT TE MÊLER AVX CHŒVRS DANSANTS! MAIS PLVS HEVREVX ENTRE TOVS CELVI QVI, TE COMBLANT DE PRESENTS D'HYMÉNÉE, TE CONDVIRA DANS SA DEMEVRE! JAMAIS, EN EFFET, JE N'AI VV DE MES YEVX VN HOMME AVSSI BEAV, NI VNE FEMME AVSSI BELLE, ET JE SVIS SAISI D'ADMIRATION.

VNE FOIS, À DÉLOS, DEVANT L'AVTEL D'APOLLON, JE VIS VNE JEVNE TIGE DE PALMIER. ET, EN VOYANT CE PALMIER, JE RESTAI LONGTEMPS STVPÉFAIT DANS L'ÂME QV'VN ARBRE AVSSI BEAV FVT SORTI DE TERRE. AINSI JE T'ADMIRE, Ô FEMME, ET JE SVIS STVPÉFAIT, ET JE TREMBLE DE SAISIR TES GENOVX, CAR JE SVIS EN PROIE À VNE GRANDE DOVLEVR. HIER, APRÈS VINGT JOVRS, JE ME SVIS ENFIN ÉCHAPPÉ DE LA SOMBRE MER. PENDANT CE TEMPS-LÀ, LES FLOTS ET LES RAPIDES TEMPÊTES M'ONT ENTRAINÉ DE L'ILE D'OGYGIÈ, ET VOICI QV'VN DIEV M'A POVSSE ICI, AFIN QVE J'Y SVBISSE ENCORE PEVT-ÊTRE D'AVTRES MAVX, CAR JE NE PENSE PAS EN AVOIR VV LA FIN, ET LES DIEVX VONT SANS DOVTE M'EN ACCABLER DE NOVVEAV. MAIS, Ô REINE, AIE PITIÉ DE MOI, CAR C'EST VERS TOI, LA PREMIÈRE, QVE JE SVIS VENV, APRÈS AVOIR SVBI TANT DE MISÈRES. JE NE CONNAIS AVCVN DES HOMMES QVI HABITENT CETTE VILLE ET CETTE TERRE. MONTRE-MOI LA VILLE ET DONNE-MOI QVELQVE LAMBEAV POVR ME COVVRIR, SI TV AS APPORTÉ ICI QVELQVE ENVELOPPE DE VÊTEMENTS. QVE LES DIEVX T'ACCORDENT AVTANT DE CHOSES QVE TV EN DÉSIRES VN MARI, VNE FAMILLE ET VNE HEVREVSE CONCORDE; CAR RIEN N'EST PLVS DÉSIRABLE ET MEILLEVR QVE LA CONCORDE À L'AIDE DE LAQVELLE ON GOVVERNE SA FAMILLE. LE MARI ET L'ÉPOVSE ACCABLENT AINSI LEVRS ENNEMIS DE DOVLEVRS ET LEVRS AMIS DE JOIE, ET EVX-MÊMES SONT HEVREVX.

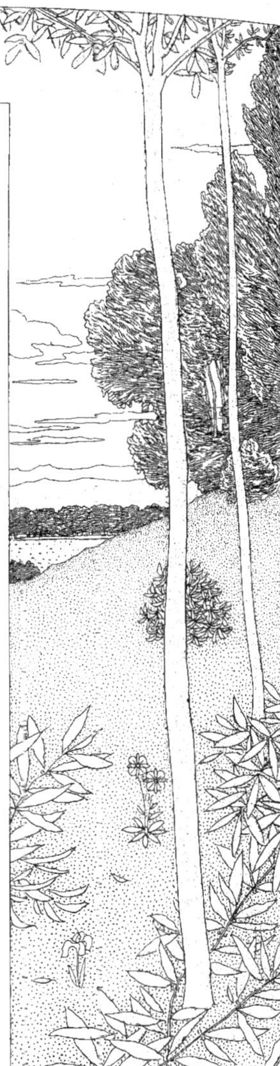

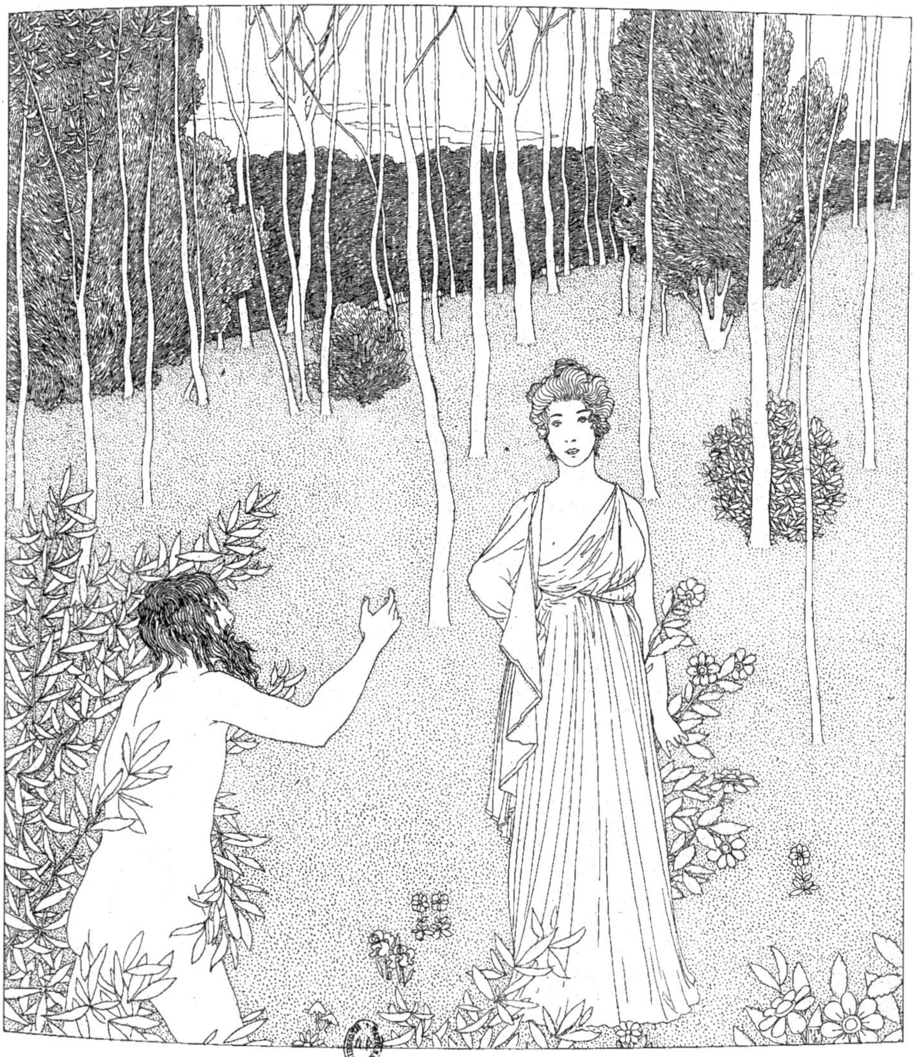

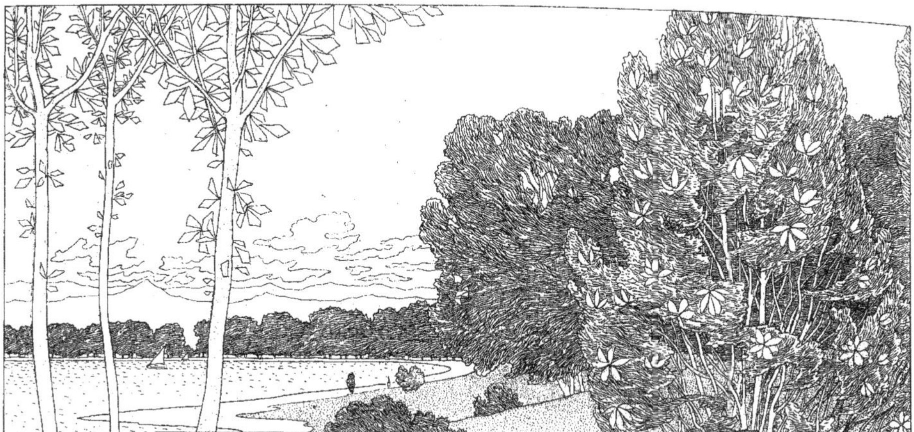

ET NAVSIKAA AVX BRAS BLANCS LVI RÉPONDIT :

— ÉTRANGER, — CAR, CERTES, TV N'ES SEMBLABLE NI À VN LÂCHE, NI À VN INSENSÉ, — ZEVS OLYMPIEN DISPENSE LA RICHESSE AVX HOMMES, AVX BONS ET AVX MÉCHANTS, À CHACVN COMME IL VEVT. C'EST LVI QVI T'A FAIT CETTE DESTINÉE, ET IL FAVT LA SVBIR PATIEMMENT. MAINTENANT, ÉTANT VENV VERS NOTRE TERRE ET NOTRE VILLE, TV NE MANQVERAS NI DE VÊTEMENTS, NI D'AVCVNE AVTRE DES CHOSES QVI CONVIENNENT À VN MALHEVREVX QVI VIENT EN SVPPLIANT. ET JE TE MONTRERAI LA VILLE ET JE TE DIRAI LE NOM DE NOTRE PEVPLE. LES PHAIAKIENS HABITENT CETTE VILLE ET CETTE TERRE, ET MOI, JE SVIS LA FILLE DV MAGNANIME ALKINOOS, QVI EST LE PREMIER PARMI LES PHAIAKIENS PAR LE POVVOIR ET LA PVISSANCE.

ELLE PARLA AINSI ET COMMANDA À SES SERVANTES AVX BELLES CHEVELVRES :

— SERVANTES, OV FVYEZ-VOVS POVR AVOIR VV CET HOMME? PENSEZ-VOVS QVE CE SOIT QVELQVE ENNEMI? IL N'Y A POINT D'HOMME VIVANT, ET IL NE PEVT EN ÊTRE VN SEVL QVI PORTE LA GVERRE SVR LA TERRE DES PHAIAKIENS, CAR NOVS SOMMES TRES CHERS AVX DIEVX IMMORTELS, ET NOVS HABITONS AVX EXTRÉMITÉS DE LA MER ONDVLEVSE, ET NOVS N'AVONS AVCVN COMMERCE AVEC LES AVTRES HOMMES. MAIS SI QVELQVE MALHEVREVX ERRANT VIENT ICI, IL NOVS FAVT LE SECOVRIR, CAR LES HÔTES ET LES MENDIANTS VIENNENT DE ZEVS, ET LE DON, MÊME MODIQVE, QV'ON LEVR FAIT, LVI EST AGRÉABLE. C'EST POVRQVOI, SERVANTES, DONNEZ À NOTRE HOTE À MANGER ET À BOIRE, ET LAVEZ-LE DANS LE FLEVVE, À L'ABRI DV VENT.

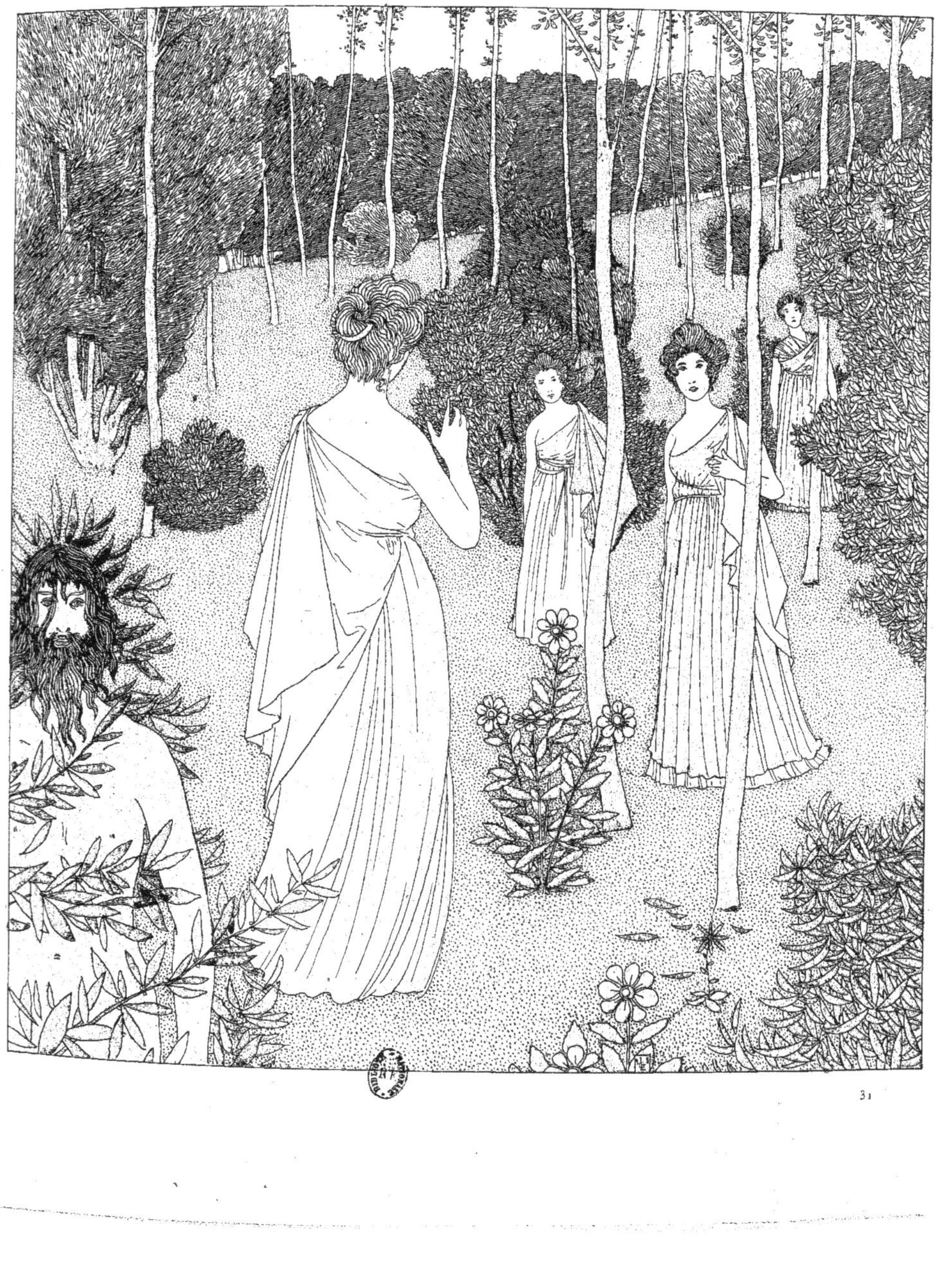

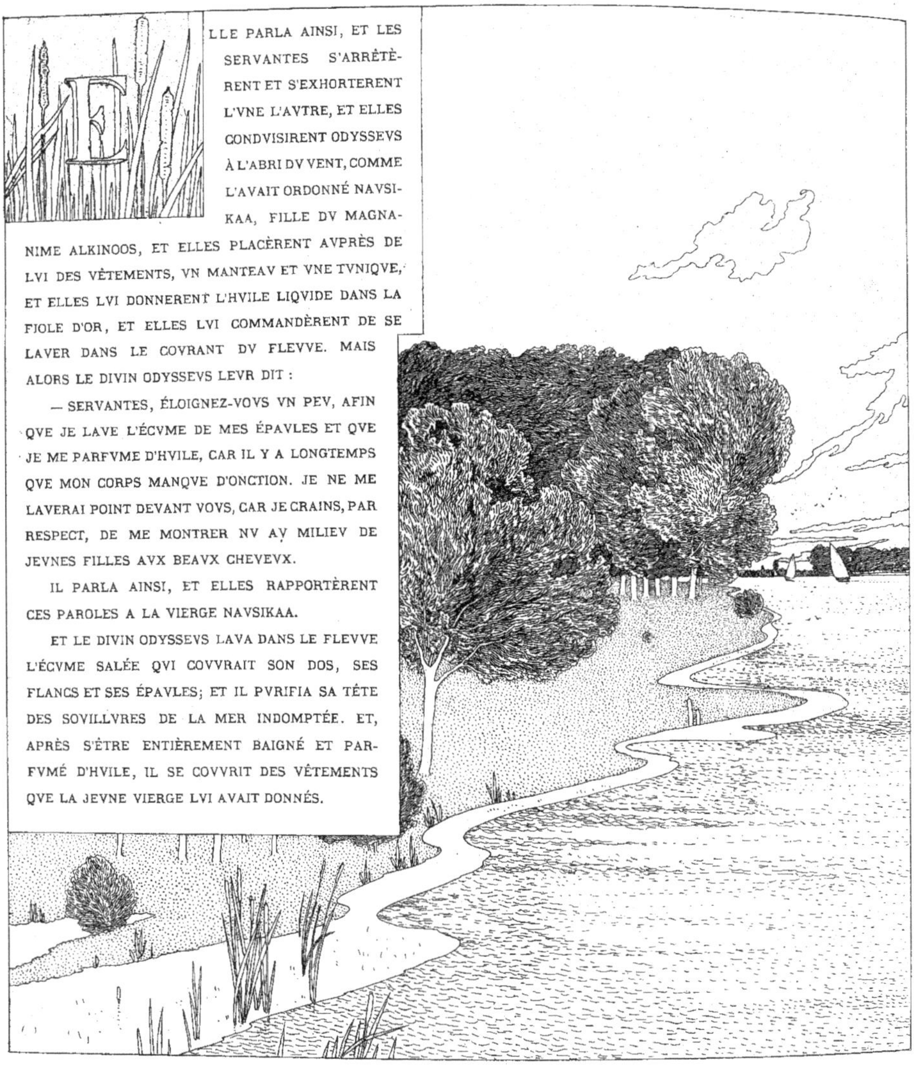

ELLE PARLA AINSI, ET LES SERVANTES S'ARRÊTÈRENT ET S'EXHORTERENT L'VNE L'AVTRE, ET ELLES CONDVISIRENT ODYSSEVS À L'ABRI DV VENT, COMME L'AVAIT ORDONNÉ NAVSIKAA, FILLE DV MAGNANIME ALKINOOS, ET ELLES PLACÈRENT AVPRÈS DE LVI DES VÊTEMENTS, VN MANTEAV ET VNE TVNIQVE, ET ELLES LVI DONNERENT L'HVILE LIQVIDE DANS LA FIOLE D'OR, ET ELLES LVI COMMANDÈRENT DE SE LAVER DANS LE COVRANT DV FLEVVE. MAIS ALORS LE DIVIN ODYSSEVS LEVR DIT :

— SERVANTES, ÉLOIGNEZ-VOVS VN PEV, AFIN QVE JE LAVE L'ÉCVME DE MES ÉPAVLES ET QVE JE ME PARFVME D'HVILE, CAR IL Y A LONGTEMPS QVE MON CORPS MANQVE D'ONCTION. JE NE ME LAVERAI POINT DEVANT VOVS, CAR JE CRAINS, PAR RESPECT, DE ME MONTRER NV AV MILIEV DE JEVNES FILLES AVX BEAVX CHEVEVX.

IL PARLA AINSI, ET ELLES RAPPORTÈRENT CES PAROLES A LA VIERGE NAVSIKAA.

ET LE DIVIN ODYSSEVS LAVA DANS LE FLEVVE L'ÉCVME SALÉE QVI COVVRAIT SON DOS, SES FLANCS ET SES ÉPAVLES; ET IL PVRIFIA SA TÊTE DES SOVILLVRES DE LA MER INDOMPTÉE. ET, APRÈS S'ÊTRE ENTIÈREMENT BAIGNÉ ET PARFVMÉ D'HVILE, IL SE COVVRIT DES VÊTEMENTS QVE LA JEVNE VIERGE LVI AVAIT DONNÉS.

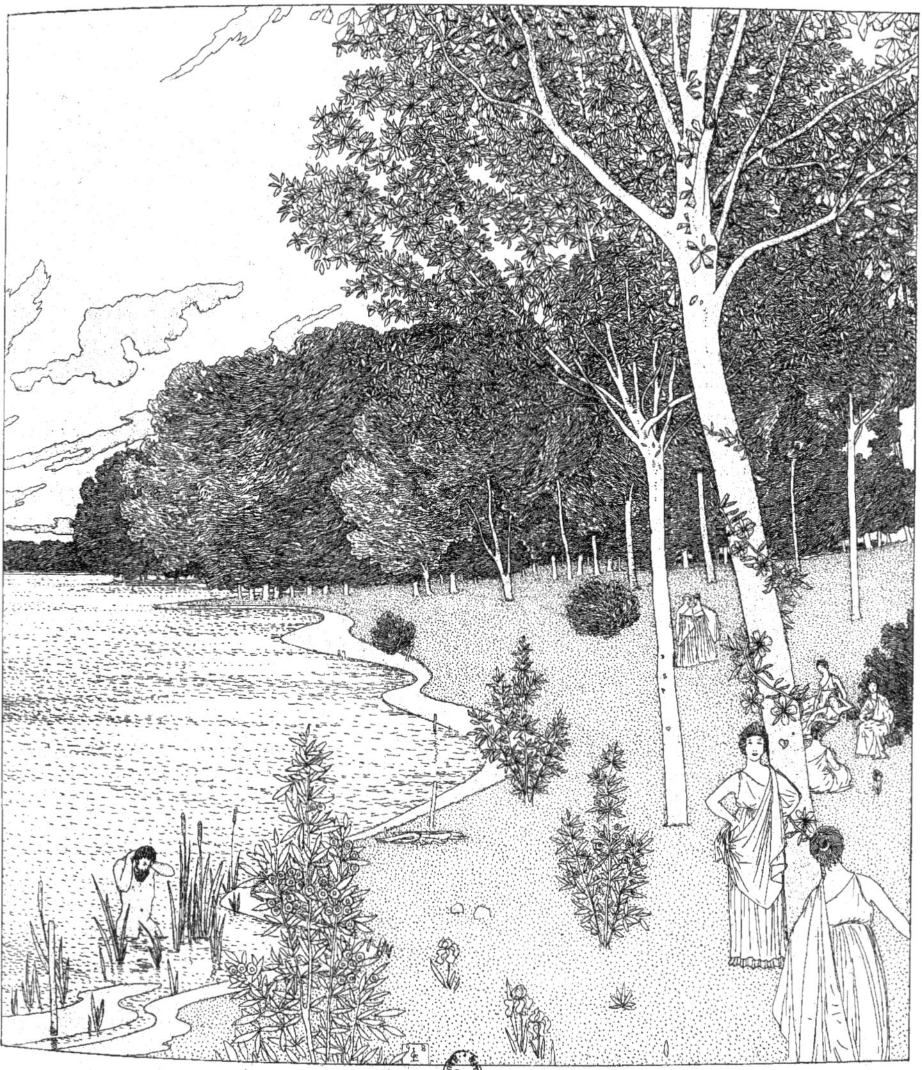

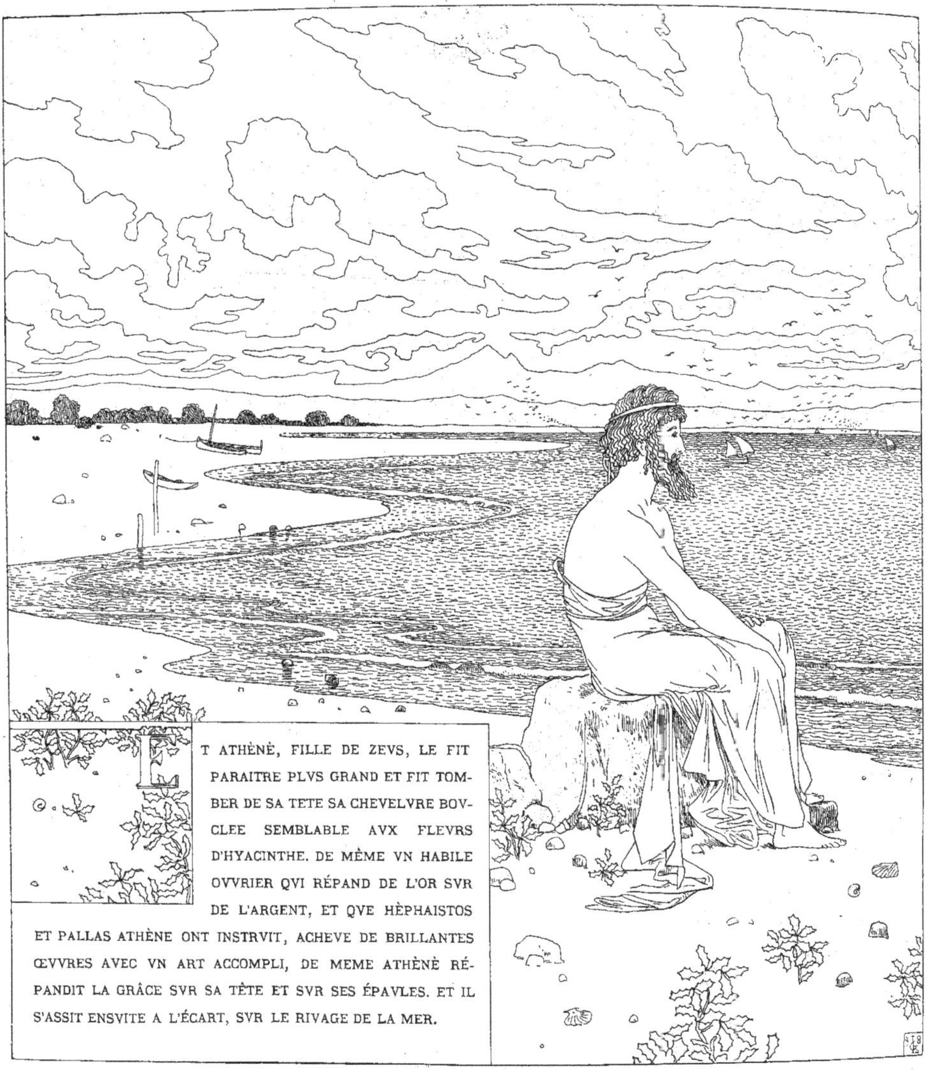

ET ATHÈNÈ, FILLE DE ZEVS, LE FIT PARAITRE PLVS GRAND ET FIT TOMBER DE SA TETE SA CHEVELVRE BOVCLEE SEMBLABLE AVX FLEVRS D'HYACINTHE. DE MÊME VN HABILE OVVRIER QVI RÉPAND DE L'OR SVR DE L'ARGENT, ET QVE HÈPHAISTOS ET PALLAS ATHÈNE ONT INSTRVIT, ACHEVE DE BRILLANTES ŒVVRES AVEC VN ART ACCOMPLI, DE MEME ATHÈNÈ RÉPANDIT LA GRÂCE SVR SA TÊTE ET SVR SES ÉPAVLES. ET IL S'ASSIT ENSVITE A L'ÉCART, SVR LE RIVAGE DE LA MER.

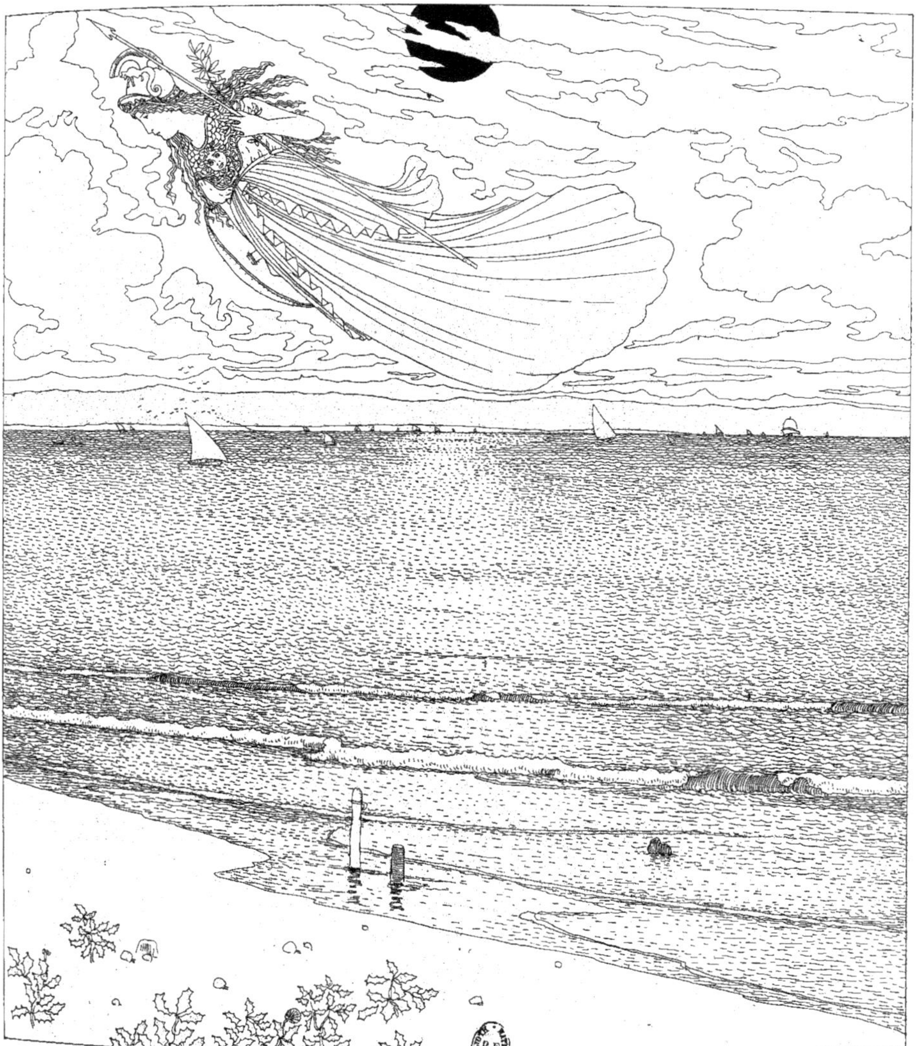

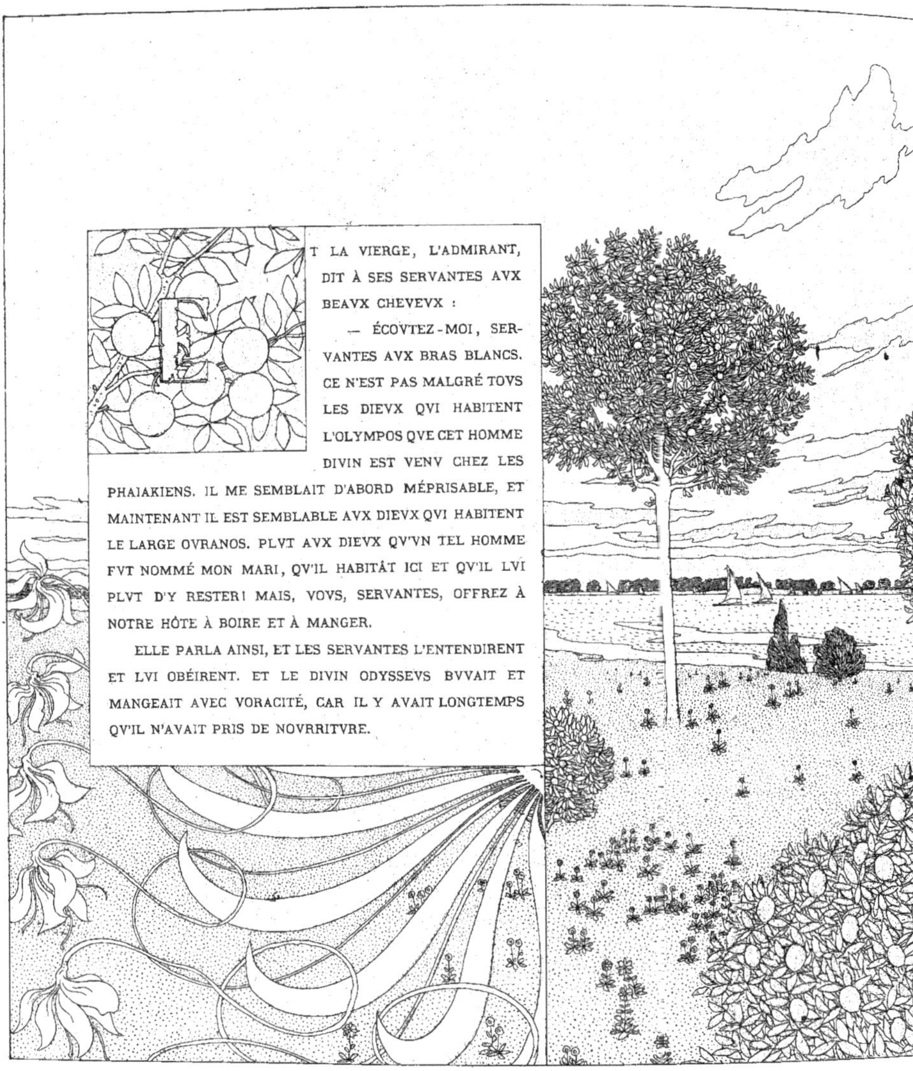

ET LA VIERGE, L'ADMIRANT, DIT À SES SERVANTES AVX BEAVX CHEVEVX :

— ÉCOVTEZ-MOI, SERVANTES AVX BRAS BLANCS. CE N'EST PAS MALGRÉ TOVS LES DIEVX QVI HABITENT L'OLYMPOS QVE CET HOMME DIVIN EST VENV CHEZ LES PHAIAKIENS. IL ME SEMBLAIT D'ABORD MÉPRISABLE, ET MAINTENANT IL EST SEMBLABLE AVX DIEVX QVI HABITENT LE LARGE OVRANOS. PLVT AVX DIEVX QV'VN TEL HOMME FVT NOMMÉ MON MARI, QV'IL HABITÂT ICI ET QV'IL LVI PLVT D'Y RESTER! MAIS, VOVS, SERVANTES, OFFREZ À NOTRE HÔTE À BOIRE ET À MANGER.

ELLE PARLA AINSI, ET LES SERVANTES L'ENTENDIRENT ET LVI OBÉIRENT. ET LE DIVIN ODYSSEVS BVVAIT ET MANGEAIT AVEC VORACITÉ, CAR IL Y AVAIT LONGTEMPS QV'IL N'AVAIT PRIS DE NOVRRITVRE.

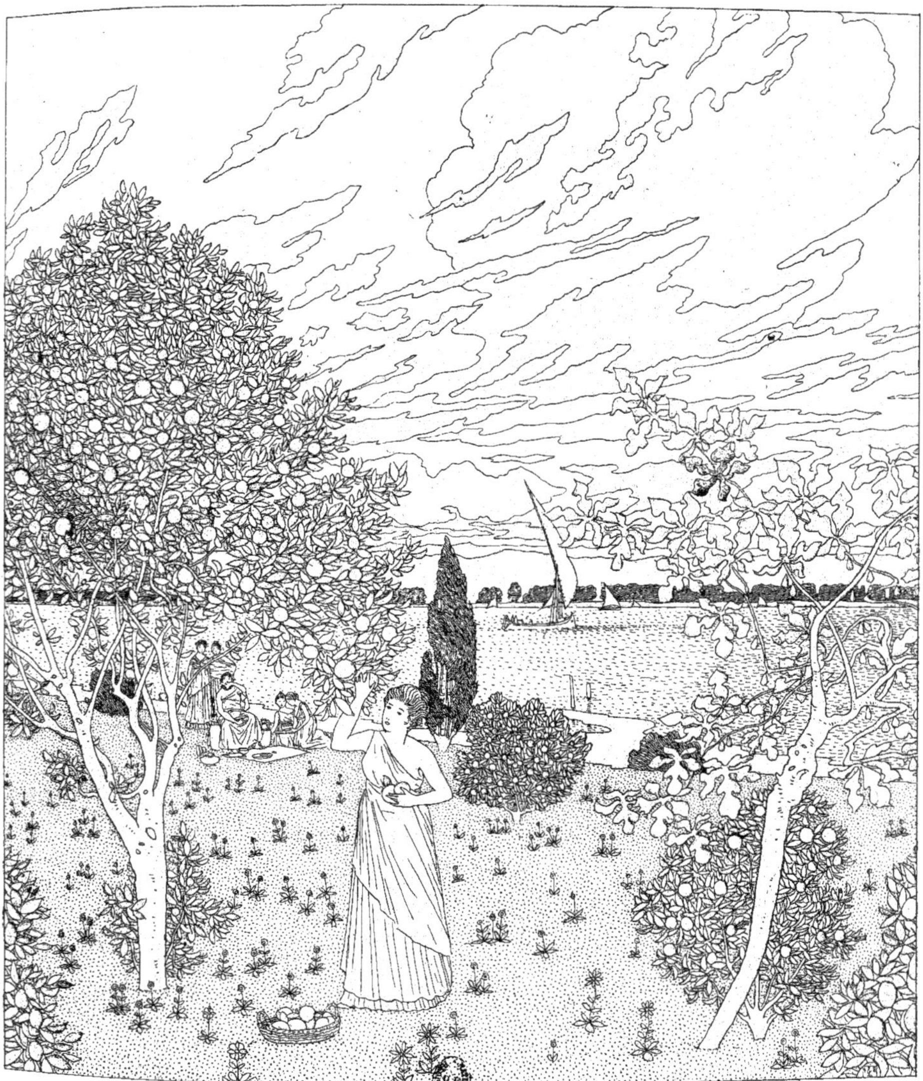

MAIS NAVSIKAA AVX BRAS BLANCS EVT D'AVTRES PENSÉES; ELLE POSA LES VÊTEMENTS PLIÉS DANS LE CHAR, Y MONTA APRÈS AVOIR ATTELÉ LES MVLETS AVX SABOTS MASSIFS, ET, EXHORTANT ODYSSEVS, ELLE LVI DIT :

— LÈVE-TOI, ÉTRANGER, AFIN D'ALLER À LA VILLE ET QVE JE TE CONDVISE À LA DEMEVRE DE MON PÈRE PRVDENT, OÙ JE PENSE QVE TV VERRAS LES PREMIERS D'ENTRE LES PHAIAKIENS. MAIS FAIS CE QVE JE VAIS TE DIRE, CAR TV ME SEMBLES PLEIN DE SAGESSE : AVSSI LONGTEMPS QVE NOVS IRONS À TRAVERS LES CHAMPS ET LES TRAVAVX DES HOMMES, MARCHE RAPIDEMENT AVEC LES SERVANTES, DERRIÈRE LES MVLETS ET LE CHAR, ET, MOI, JE MONTRERAI LE CHEMIN; MAIS QVAND NOVS SERONS ARRIVÉS À LA VILLE QV'ENVIRONNENT DE HAVTES TOVRS ET QVE PARTAGE EN DEVX VN BEAV PORT DONT L'ENTRÉE EST ÉTROITE, OÙ SONT CONDVITES LES NEFS, CHACVNE À VNE STATION SVRE, ET DEVANT LEQVEL EST LE BEAV TEMPLE DE POSEIDAÔN DANS L'AGORA PAVÉE DE GRANDES PIERRES TAILLÉES; — ET LÀ AVSSI SONT LES ARMEMENTS DES NOIRES NEFS, LES CORDAGES ET LES ANTENNES ET LES AVIRONS QV'ON POLIT, CAR LES ARCS ET LES CARQVOIS N'OCCVPENT POINT LES PHAIAKIENS, MAIS SEVLEMENT LES MÂTS, ET LES AVIRONS DES NEFS, ET LES NEFS ÉGALES SVR LESQVELLES ILS TRAVERSENT JOYEVX LA MER PLEINE D'ÉCVME; — ÉVITE ALORS LEVRS AMÈRES PAROLES, DE PEVR QV'VN D'ENTRE EVX ME BLÂME EN ARRIÈRE, CAR ILS SONT TRÈS INSOLENTS, ET QVE LE PLVS MECHANT, NOVS RENCONTRANT, DISE PEVT-ÊTRE : — QVEL EST CET ÉTRANGER GRAND ET BEAV QVI SVIT NAVSIKAA ? OÙ L'A-T-ELLE TROVVÉ ? CERTES, IL SERA SON MARI. PEVT-ÊTRE L'A-T-ELLE REÇV AVEC BIENVEILLANCE, COMME IL ERRAIT HORS DE SA NEF CONDVITE PAR DES HOMMES ÉTRANGERS, CAR AVCVNS N'HABITENT PRÈS D'ICI; OV PEVT-ÊTRE ENCORE VN DIEV QV'ELLE A SVPPLIÉ ARDEMMENT EST-IL DESCENDV DE L'OVRANOS, ET ELLE LE POSSÈDERA TOVS LES JOVRS ? ELLE A BIEN FAIT D'ALLER AV-DEVANT D'VN MARI ÉTRANGER; CAR, CERTES, ELLE DÉDAIGNE LES PHAIAKIENS ILLVSTRES ET NOMBREVX QVI LA RECHERCHENT ! — ILS PARLERAIENT AINSI, ET LEVRS PAROLES SERAIENT HONTEVSES POVR MOI. JE BLÂMERAIS MOI-MÊME CELLE QVI, À L'INSV DE SON CHER PÈRE ET DE SA MÈRE, IRAIT SEVLE PARMI LES HOMMES AVANT LE JOVR DES NOCES. ÉCOVTE DONC MES PAROLES, ÉTRANGER, AFIN D'OBTENIR DE MON PÈRE DES COMPAGNONS ET VN PROMPT RETOVR. NOVS TROVVERONS AVPRÈS DV CHEMIN VN BEAV BOIS DE PEVPLIERS CONSACRÉ À ATHÈNÈ.

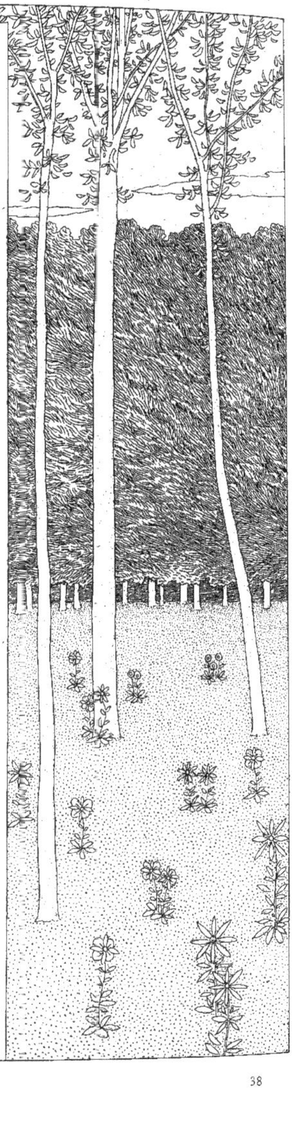

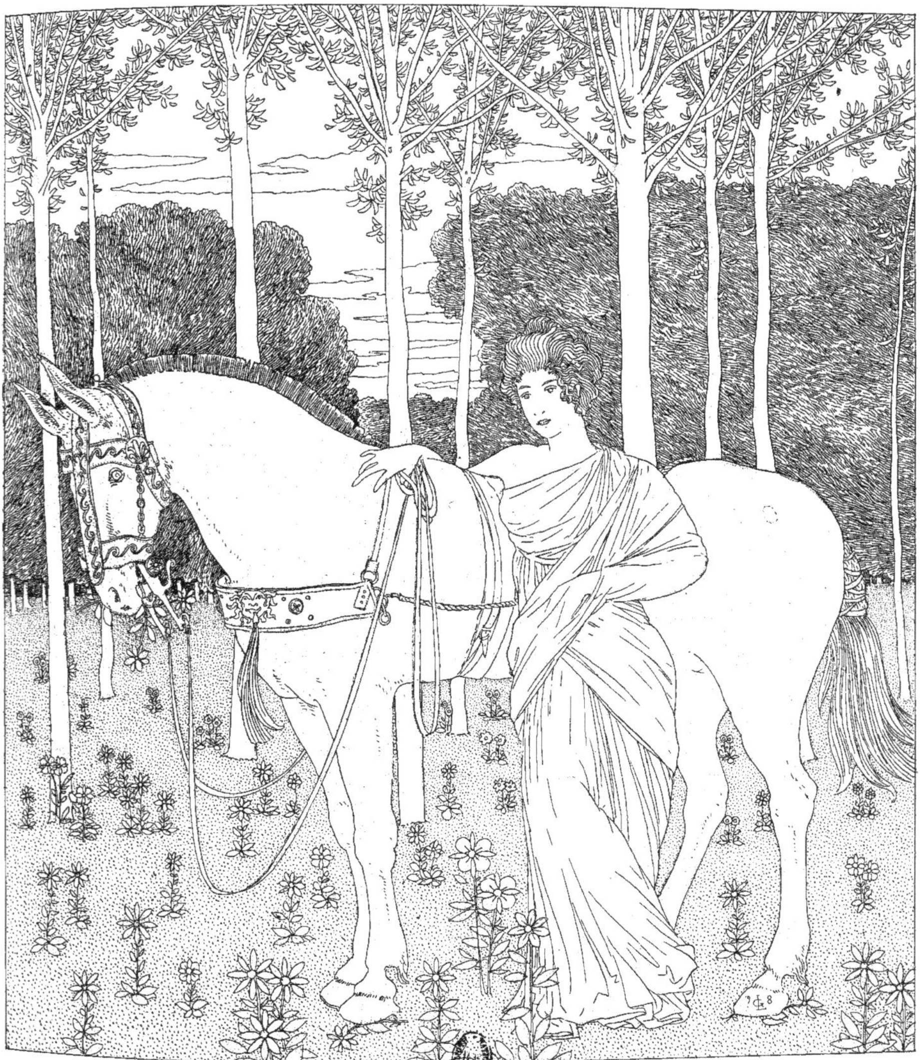

VNE SOVRCE EN COVLE ET VNE PRAIRIE L'ENTOVRE, ET LÀ SONT LE VERGER DE MON PÈRE ET SES JARDINS FLORISSANTS, ÉLOIGNÉS DE LA VILLE D'VNE PORTÉE DE VOIX. IL FAVDRA T'ARRÊTER LÀ QVELQVE TEMPS, JVSQV'À CE QVE NOVS SOYONS ARRIVÉES À LA VILLE ET À LA MAISON DE MON PÈRE. DÈS QVE TV PENSERAS QVE NOVS Y SOMMES PARVENVES, ALORS, MARCHE VERS LA VILLE DES PHAIAKIENS ET CHERCHE LES DEMEVRES DE MON PÈRE, LE MAGNANIME ALKINOOS. ELLES SONT FACILES À RECONNAITRE, ET VN ENFANT POVRRAIT Y CONDVIRE; CAR AVCVNE DES MAISONS DES PHAIAKIENS N'EST TELLE QVE LA DEMEVRE DV HÉROS ALKINOOS. QVAND TV SERAS ENTRÉ DANS LA COVR, TRAVERSE PROMPTEMENT LA MAISON ROYALE AFIN D'ARRIVER JVSQV'À MA MÈRE. ELLE EST ASSISE À SON FOYER, À LA SPLENDEVR DV FEV, FILANT VNE LAINE POVRPRÉE ADMIRABLE À VOIR. ELLE EST APPVYÉE CONTRE VNE COLONNE, ET SES SERVANTES SONT ASSISES AVTOVR D'ELLE. ET, À COTÉ D'ELLE, EST LE TRONE DE MON PÈRE, OU IL S'ASSIED, POVR BOIRE DV VIN, SEMBLABLE À VN IMMORTEL. EN PASSANT DEVANT LVI, EMBRASSE LES GENOVX DE MA MÈRE, AFIN QVE, JOYEVX, TV VOIES PROMPTEMENT LE JOVR DV RETOVR, MÊME QVAND TV SERAIS TRÈS LOIN DE TA DEMEVRE. EN EFFET, SI MA MÈRE T'EST BIENVEILLANTE DANS SON ÂME, TV PEVX ESPÉRER REVOIR TES AMIS ET RENTRER DANS LA TERRE DE LA PATRIE.

AYANT AINSI PARLÉ, ELLE FRAPPA LES MVLETS DV FOVET BRILLANT, ET LES MVLETS, QVITTANT RAPIDEMENT LES BORDS DV FLEVVE, COVRAIENT AVEC ARDEVR ET EN TRÉPIGNANT. ET NAVSIKAA LES GVIDAIT AVEC ART DES RÊNES ET DV FOVET, DE FAÇON QVE LES SERVANTES ET ODYSSEVS SVIVISSENT À PIED.

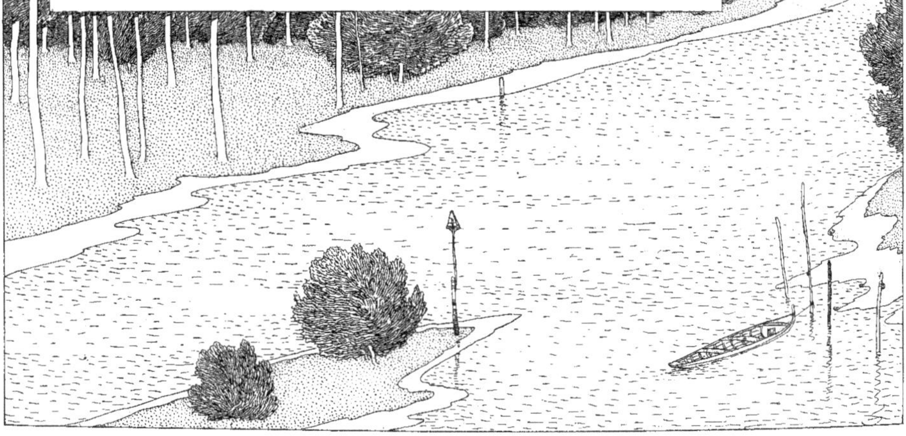

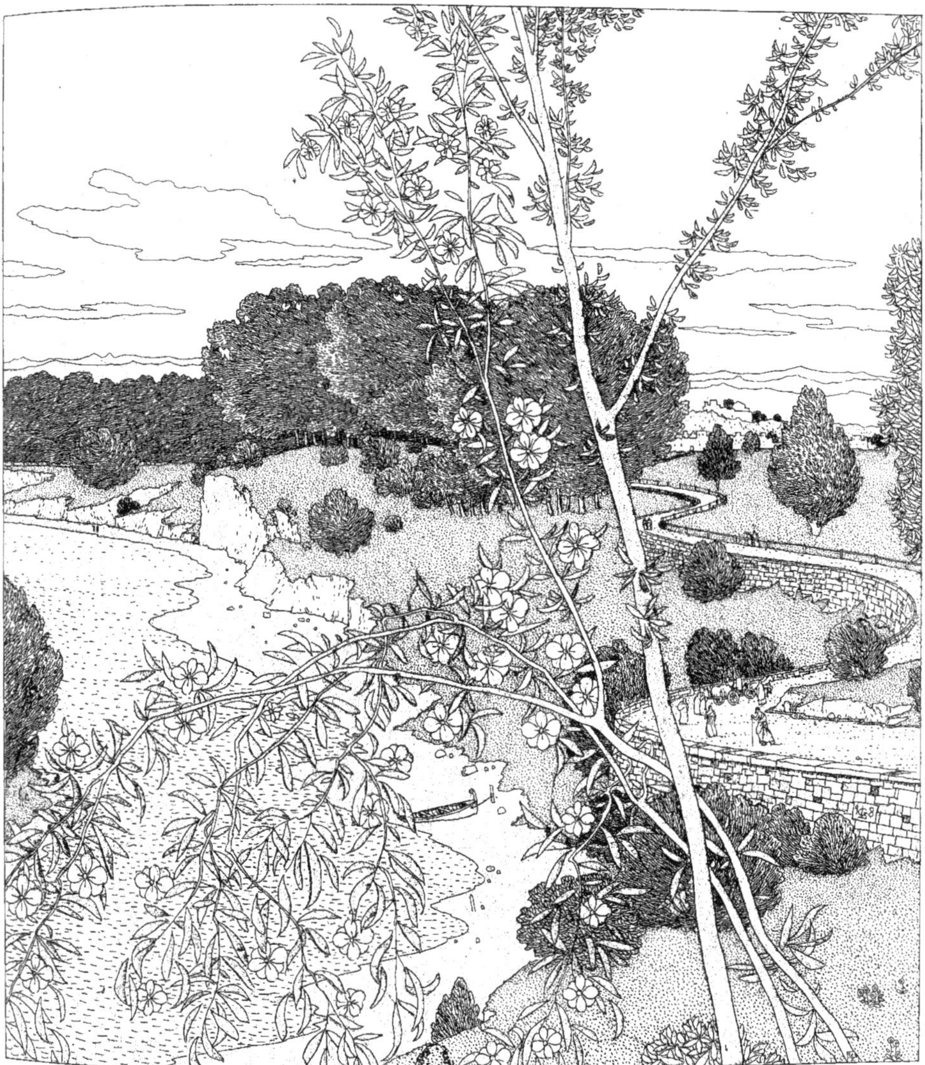

ET HÉLIOS TOMBA, ET ILS PARVINRENT AV BOIS SACRÉ D'ATHÈNÈ, OV LE DIVIN ODYSSEVS S'ARRÊTA. ET AVSSITÔT IL SVPPLIA LA FILLE DV MAGNANIME ZEVS :

— ENTENDS-MOI, FILLE INDOMPTÉE DE ZEVS TEMPÊTVEVX ! EXAVCE-MOI MAINTENANT, PVISQVE TV NE M'AS POINT SECOVRV QVAND L'ILLVSTRE QVI ENTOVRE LA TERRE M'ACCABLAIT. ACCORDE-MOI D'ÊTRE LE BIENVENV CHEZ LES PHAIAKIENS, ET QV'ILS AIENT PITIÉ !

IL PARLA AINSI EN SVPPLIANT, ET PALLAS ATHÈNÈ L'ENTENDIT, MAIS ELLE NE LVI APPARVT POINT, RESPECTANT LE FRÈRE DE SON PÈRE; CAR IL DEVAIT ÊTRE VIOLEMMENT IRRITÉ CONTRE LE DIVIN ODYSSEVS JVSQV'À CE QVE CELVI-CI FVT ARRIVÉ DANS LA TERRE DE LA PATRIE.

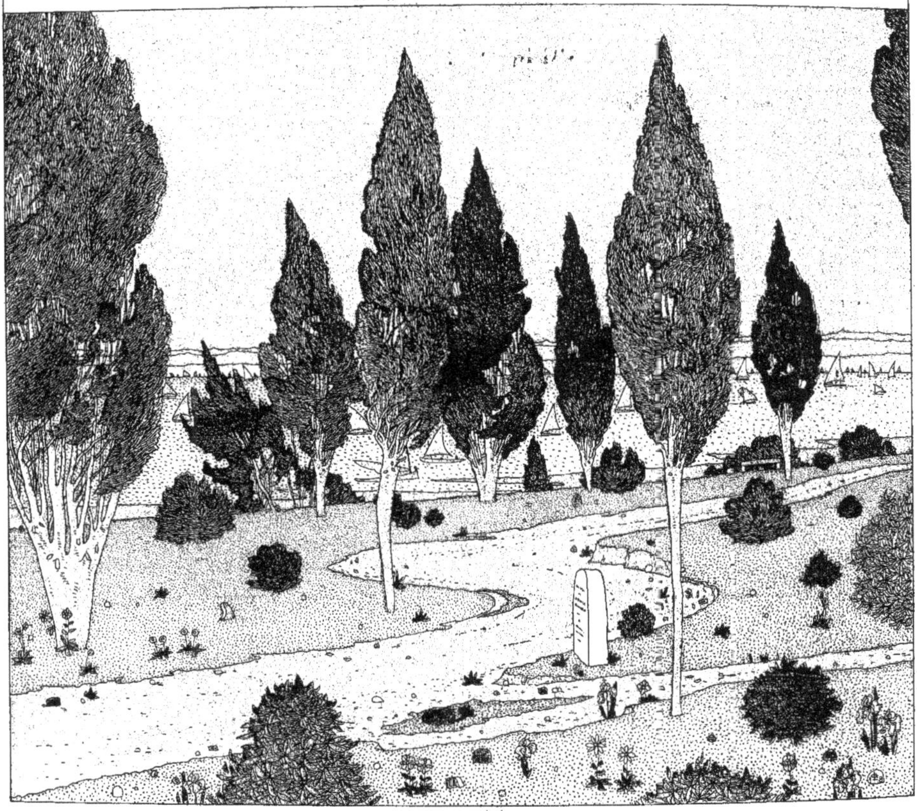

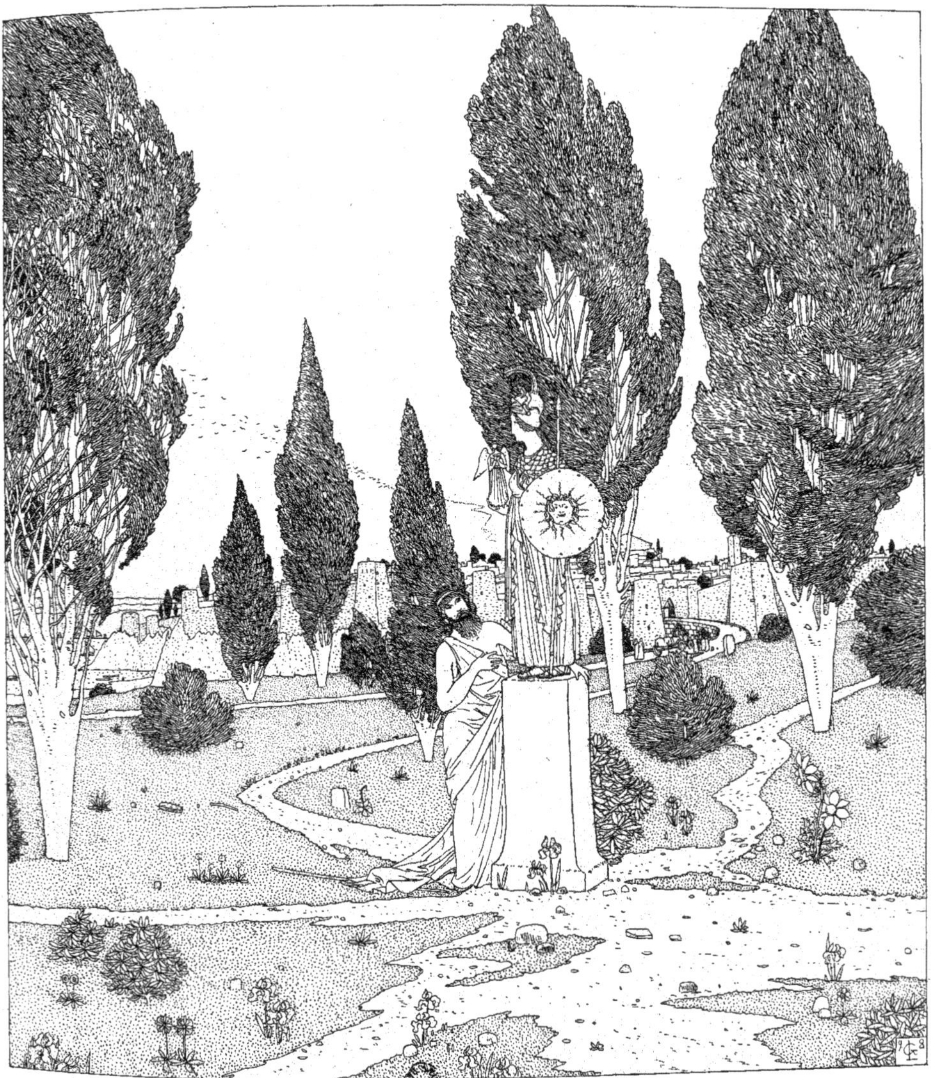

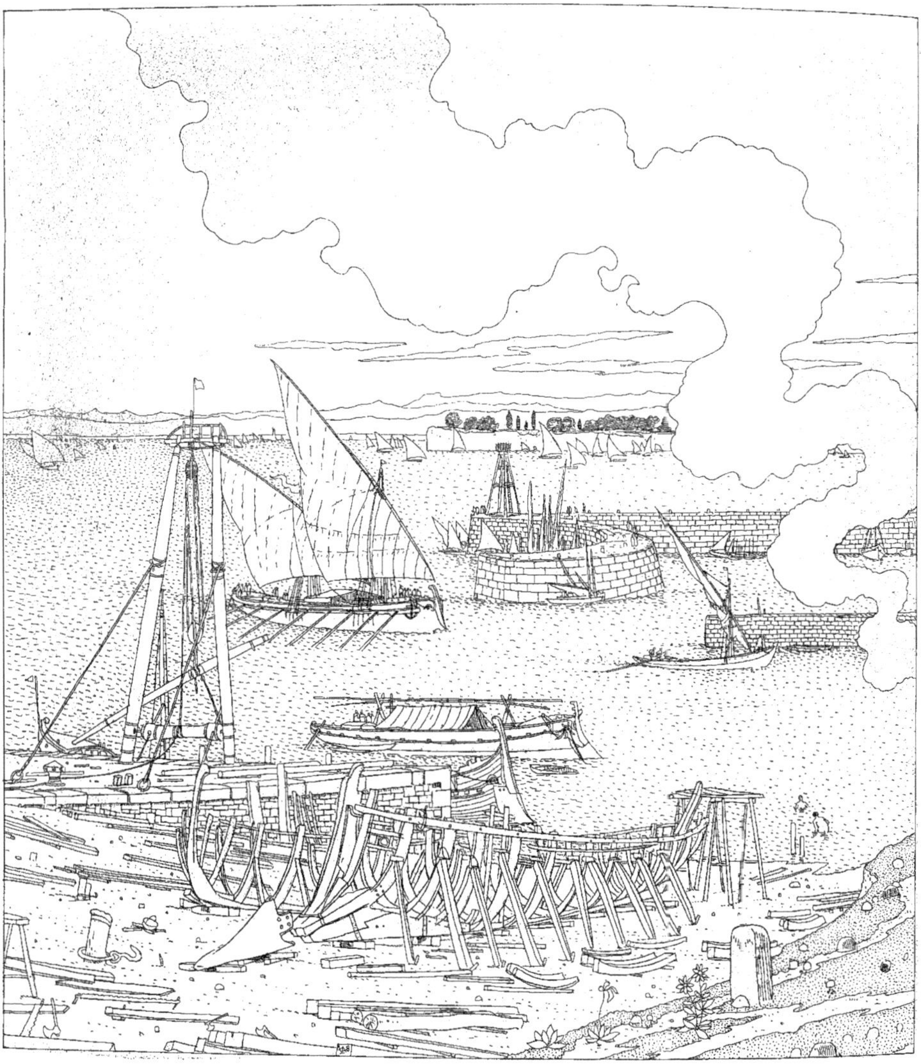

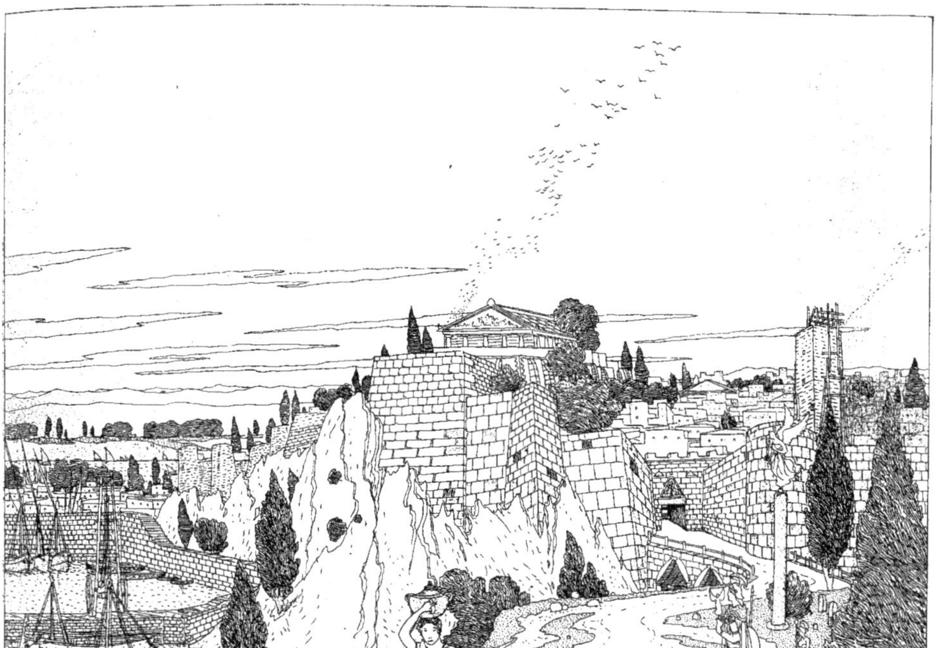

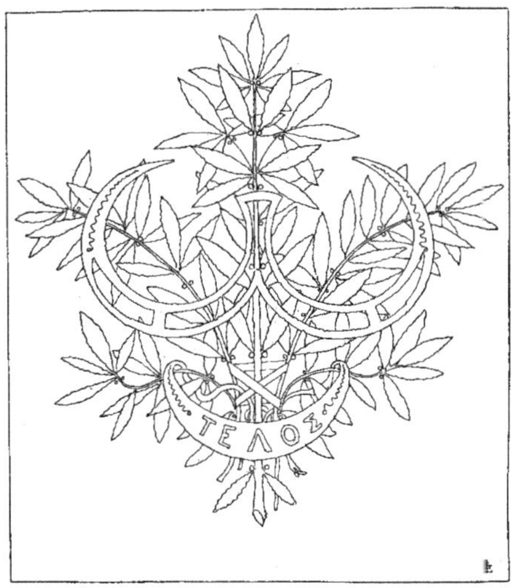
ΤΕΛΟΣ

COLLABORATEVRS

LES COMPOSITIONS DÉCORATIVES,
LA COVVERTVRE, LES LETTRES ORNÉES, LES FLEVRONS
ET LES CVLS-DE-LAMPE ONT ÉTÉ EXÉCVTÉS PAR
GASTON DE LATENAY.

L'IMPRESSION TYPOGRAPHIQVE A ÉTÉ FAITE PAR LES SOINS
DE L'IMPRIMERIE D. DUMOULIN ET Cie.

LES CARACTÈRES NEVFS, TYPE LOVIS XV, ONT ÉTÉ FONDVS
PAR LA FONDERIE TVRLOT (HENRI CHAIX, S^{ucc}.).

LES PLANCHES ONT ÉTÉ GRAVÉES PAR
RVCKERT ET Cie

LA MISE EN COVLEVRS A ÉTÉ EXÉCVTÉE DANS LES ATELIERS
DE E. GRENINGAIRE.

LE PAPIER VÉLIN A LA FORME
AVEC FILIGRANE SPÉCIAL A ÉTÉ FABRIQVÉ PAR
LES PAPETERIES D'ARCHES.

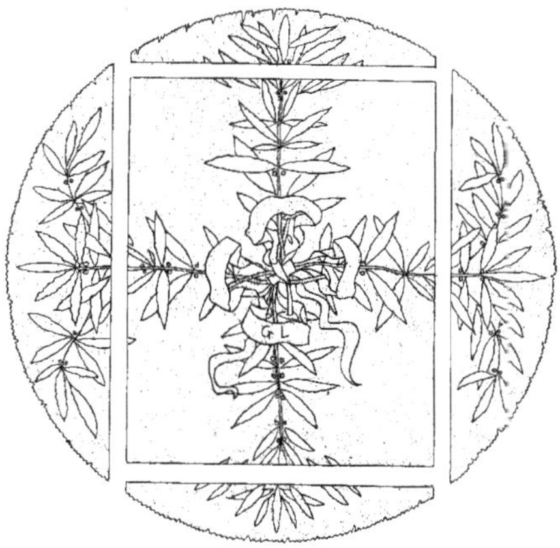
G L

IL A ÉTÉ TIRÉ

DE CET OVVRAGE

400 EXEMPLAIRES NVMÉROTÉS

A SAVOIR :

10 EXEMPLAIRES (NVMÉROTÉS DE 1 à 10) SVR JAPON, CONTENANT : VNE AQVARELLE ORIGINALE ; VNE SVITE EN COVLEVRS SVR JAPON, VNE SVITE EN NOIR SVR CHINE ET VNE SVITE DES PLANCHES RAYÉES.

10 EXEMPLAIRES (11 A 20) SVR "RIVES IMPÉRIAL" A LA CVVE, CONTENANT VNE SVITE EN COVLEVRS SVR JAPON ET VNE SVITE EN NOIR SVR CHINE.

25 EXEMPLAIRES (21 A 45) SVR JAPON, AVEC VNE SVITE EN NOIR SVR CHINE.

25 EXEMPLAIRES (46 A 70) SVR "RIVES IMPÉRIAL" A LA CVVE, AVEC VNE SVITE EN NOIR SVR CHINE.

330 EXEMPLAIRES (71 A 400) SVR PAPIER VÉLIN DES VOSGES A LA CVVE, FABRIQVÉ SPÉCIALEMENT.

TOVS CES EXEMPLAIRES PORTENT EN TÊTE DV VOLVME LE TIMBRE DE JVSTIFICATION DES ÉDITEVRS.

ACHEVÉ D'IMPRIMER

LE 15 JANVIER 1899 A PARIS

H. PIAZZA ET Cie, EDITEVRS
PARIS

www.ingramcontent.com/pod-product-compliance
Ingram Content Group UK Ltd.
Pitfield, Milton Keynes, MK11 3LW, UK
UKHW032002260826
14628UKWH00005B/2225

9 782014 030211